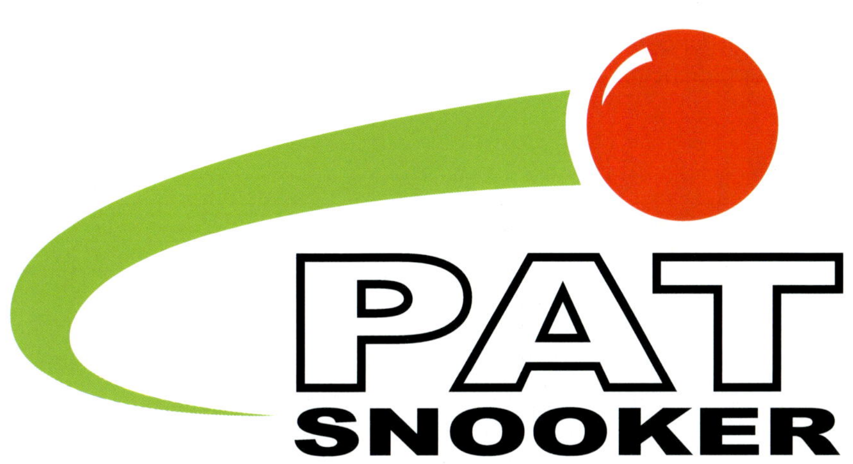

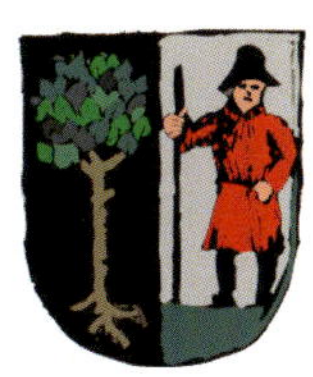

3. Auflage 2019
Printed in Germany

Print: ISBN: 978-3-981171-34-1
Ebook PDF: ISBN: 978-3-941484-27-6
Ebook Epub: ISBN: 978-3-946128-35-9

www.litho-verlag.de • www.billardbuch.de

Kapitel **Inhalt** .... **Seite**

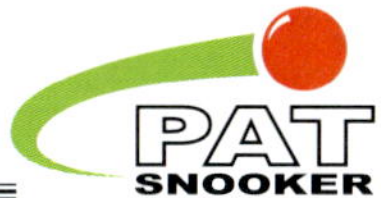

Vorwort von Thomas Hein

Die Leistungsdiagnostik ist im Snooker – wie in allen anderen Sportarten auch – unverzichtbar, um den Leistungsstand zu überprüfen, Defizite zu erkennen und das Training so gezielt und individuell optimieren zu können.
Mit dem vorliegenden Band 2 möchte ich Sie in die „Oberstufe" des Snooker führen. Sie haben mit Band 1 gearbeitet und beherrschen im Idealfalle die Grundlagen des Spiels. Die Übungen des 2. Bandes vertiefen die inzwischen erlernten Fähigkeiten und steigern Ihr Spiel um die Nuancen, die im Match über Sieg und Niederlage entscheiden können.

Mit dem PAT Snooker Band 2 kann jeder Snookersportler des gehobenen Spielniveaus seinen Leistungsstand ermitteln und seine Trainingsschwerpunkte dem Bedarf anpassen. Der Trainer kann Potenziale oder auch Defizite aufdecken und das Training entsprechend strukturieren.

Doch Snooker-PAT soll mehr sein, als bloßes Instrument der Leistungsdiagnostik.

In den Bänden 1 und 2 finden Sie eine in der Form bisher nicht bekannte Sammlung von Übungen, die für jeden Snookerspieler wertvolle Ideen für ein strukturiertes und zielgerichtetes Training liefern.

Band 2 soll dabei den Unterschied zwischen dem ambitionierten Snookerspieler und dem erfolgreichen Matchplayer herausarbeiten. Trainingserfolge werden sich nur dann einstellen, wenn Übungen mit klarer und valider Zielsetzung trainiert werden.

PAT Snooker bietet eine umfangreiche Sammlung von Übungen, für die Ziele und technische Anforderungen eindeutig definiert sind.
Meine langjährige Erfahrung als Bundestrainer und aktiver Snookerspieler hat mir gezeigt, dass dies die effektivste Art ist, die spielerischen Fähigkeiten gezielt zu steigern. Als Leser und Nutzer dieses Bandes sind Sie keine Anfänger mehr. Sie erwarten von sich höhere Breaks oder auch schon Turniererfolge. Mit diesem Werk möchte ich ein Stück meiner Erfahrung weitergeben und zu Ihrem sportlichen Erfolg beitragen.

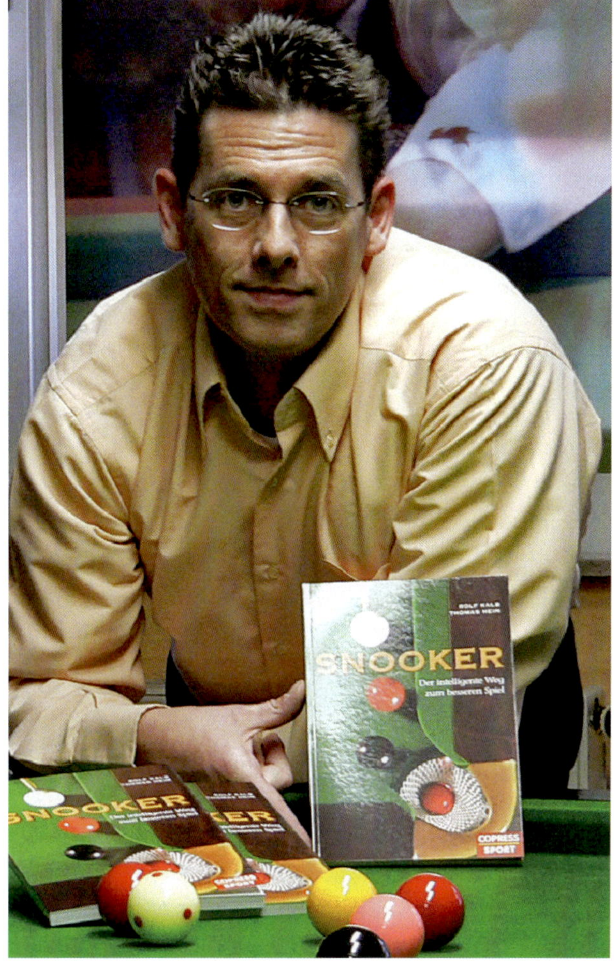

Noch ein Hinweis: Wenn Sie Ihre Leistungen mit anderen vergleichen möchten, schauen Sie doch mal im Internet unter www.pat-snooker.com und www.snooker-iq.de.

Ich wünsche Ihnen viel Spaß und Erfolg beim Training.

Ihr

Thomas Hein
- Bundestrainer Snooker -
der Dt. Billard-Union

Vorwort Rolf Kalb

Ich gebe es ja zu: Ich bin privilegiert. Ständig darf ich den besten Snookerspielern der Welt auf die Finger schauen. Das ist faszinierend. Die Top-Spieler erreichen ein Niveau, wo Können zur Kunst wird. Gleichzeitig fasziniert mich aber auch der Facettenreichtum.

Ein Ronnie O'Sullivan in Top-Form spielt wie im Rausch und versetzt seine Zuschauer dabei ebenso in einen Rausch. Nicht minder begeisternd ist die beinahe chirurgisch anmutende Präzision, mit der Stephen Hendry die Bälle locht. Das präzise Breakbuildung von John Higgins, die Offensivkraft von Shaun Murphy, das gnadenlose Safety-Spiel von Mark Selby, die taktische Meisterschaft von Steve Davis – all das sind unterschiedliche Facetten eines begeisternden Sportes, und nichts davon darf fehlen.

Was mich da aber so begeistert, ist ja nur das Endprodukt. Ein solches Niveau kann nur erreichen, wer zuvor harte Arbeit investiert hat – harte Arbeit am Trainingstisch, in dem in unzähligen Stunden das eigene Können gefeilt wird, und das über Jahre hinweg. Übrigens sind ja auch die O'Sullivans, Murphys, Hendrys und Higgins nicht immer in Top-Form. Gerade dann wird augenfällig, wie sehr sich die harte Arbeit auszahlt. Denn dann haben sie alle ihr sogenanntes B-Spiel, auf das sie zurückgreifen können. Diese Möglichkeit hat man nur, wenn man sich das zuvor am Trainingstisch erarbeitet hat – und die Betonung liegt hier wirklich auf Arbeit.

Natürlich kann nicht jeder, der zu einem Snooker-Queue greift, irgendwann auch Weltmeister im Crucible Theatre werden. Aber jeder kann sein Potential ausschöpfen. Und dabei will Ihnen dieses Buch helfen. Denn es gibt Ihnen die Möglichkeit, Ihre Arbeit am Trainingstisch zu strukturieren und zu optimieren. Einfach gesagt: Es hilft Ihnen, richtig zu trainieren und dabei die für Snooker wichtigen Fertigkeiten zu entwickeln.

Hilfe beim Training brauchen auch die Top-Profis – und das, obwohl die ja nun wahrlich alles über Snooker wissen. Aber die haben dann auch die Möglichkeit, einen renommierten und international anerkannten Top-Trainer zu Rate zu ziehen. Diese Möglichkeit hat ein Amateurspieler natürlich nicht in diesem Maße. Aber genau hier hilft Ihnen dieses Werk.

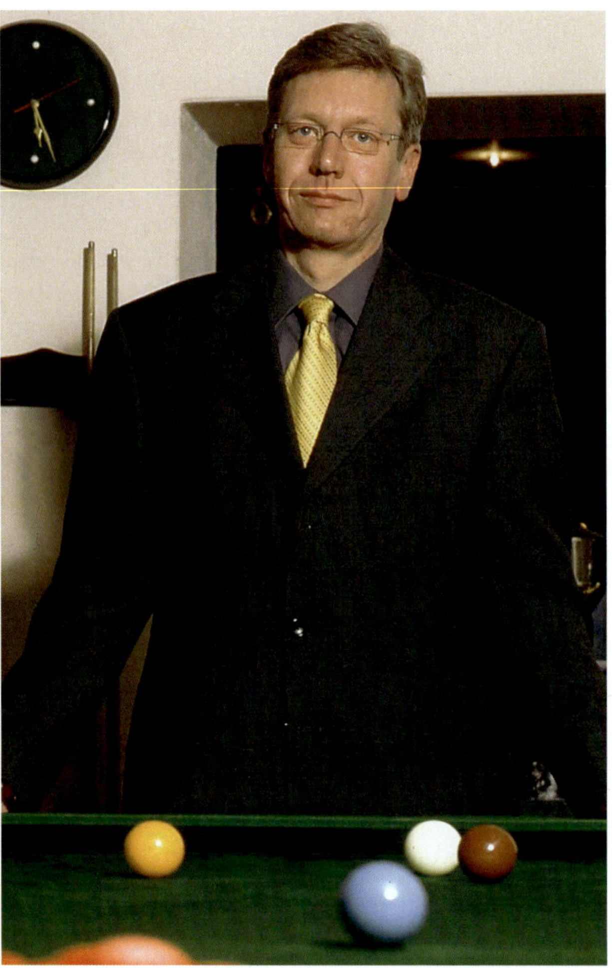

Zielgerichtet können Sie sich mit den Übungen hier Schlüsselfertigkeiten für Snooker erarbeiten. Dabei werden auch Variationen angeboten und wichtige Tipps gegeben. Damit sind diese Übungen für jeden Spieler eine wichtige Hilfe. Ob Anfänger oder erfahrener Hase – jeder wird mit diesen Übungen sein Können weiterentwickeln und damit sein Potential ausschöpfen können.

Das Besondere ist aber das PAT-System, das die eigenen Leistungen und das eigene Können bewertbar macht. Damit kann jeder und jede die eigene Trainingsleistung beurteilen und erfährt, wo man wirklich steht, wo die eigenen Stärken und vor allem die eigenen

Schwächen liegen. Vor allem aber: Man kann sich auch mit anderen vergleichen – sei es im eigenen Verein oder aber über die angebotene Datenbank auch darüber hinaus. Am Ende werden Sie dadurch auch zielgerichteter trainieren können.

Das PAT-System verhindert, dass Sie in einen ungesunden Trott verfallen, dass Ihr Training in öder Routine versinkt. Das ist nämlich ein Tipp. den ich von vielen Top-Spielern gehört habe. Die sagen alle: Ohne harte Arbeit geht es nicht, aber sieh zu, dass das Training nicht in Routine erstarrt, sondern immer wieder Spaß macht. Das ist das Geheimnis des erfolgreichen Trainings: Mit Hunger am Tisch stehen und Spaß beim Training haben.
Die Vielfalt der Übungen und das damit verbundene PAT-System werden dabei eine wertvolle Hilfe sein und – gerade wegen der Vergleichbarkeit – für einen Extra-Schub an Motivation sorgen. Damit werden Sie nicht mehr orientierungslos am Trainingstisch stehen, sondern Sie werden ein Ziel vor Augen haben und mit der notwendigen Arbeit werden Sie dieses Ziel auch erreichen.

Viel Spaß beim Training und viel Erfolg auf Ihrem Weg wünscht Ihnen

Ihr / Euer

Rolf Kalb

Rolf Kalb
- Kommentator Eurosport -

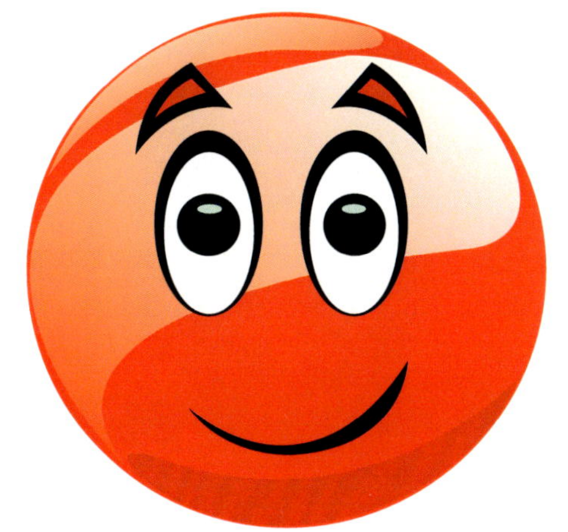

Hallo, ich bin Dr.Red...

...und begrüße Sie hier recht herzlich bei PAT-Snooker.

Meine Aufgabe ist es Ihnen Hilfestellungen und Tipps zu jeder Übung zu geben. Wenn Sie Fragen, Wünsche oder Probleme haben so können Sie mich auch anschreiben. Unter Dr.Red@pat-snooker.com können Sie mich erreichen.

Und nun viel Spaß beim Training

Was ist PAT Snooker

Snooker ist deutlich schwieriger, als man denkt - speziell, wenn man Spitzenspieler bei der Ausübung dieses Sportes beobachtet.

Es ist sehr wichtig, dass Anfänger - unerheblich, ob sie Kinder oder Erwachsene sind - die Grundlagen des Sportes richtig lernen und dann Schritt für Schritt und sehr methodisch an ihrer Ausprägung arbeiten. Eine der wichtigsten Erkenntnisse ist es dabei, zu begreifen, dass es keine Abkürzungen gibt und dass es deutlich mehr Zeit in Anspruch nimmt, wirklich besser zu werden, wenn man einzelne Schritte überspringt oder einfach weglässt.

Snooker spielen macht viel Spaß und daran ist mit Sicherheit nichts auszusetzen - im Gegenteil! Allerdings ist wichtig, einen deutlichen Unterschied zwischen dem Spaß am Spielen und dem Üben, um das Spiel zu erlernen, zu machen.

Mit der richtigen Menge an Disziplin und Konzentration sowie einem großen Maß innerem Drang, die nötigen Spieltechniken zu meistern, wird das Snookerspielen schnell sogar noch mehr Spaß machen!

PAT steht für **„Playing Ability Test“** (zu Deutsch: Spielvermögenstest) und ist weit mehr als ein bloßes Prüfverfahren.
Vielmehr handelt es sich um ein methodisches Auswertungssystem für die verschiedenen Fertigkeiten, die man benötigt, um gutes Snooker bis zu den höchsten Spielstärken betreiben zu können.

PAT Snooker ist die Fortsetzung eines Trainingssystems, das das gesamte Spektrum des Billard abdeckt - von den Grundlagen und Grundstößen bis hin zum technisch vollkommenen Positionsspiel eines Profisportlers, der in der Lage ist, ein Spiel nach dem anderen zu beenden und es dabei für die Zuschauer so mühelos aussehen zu lassen, dass diese nur noch Staunen können!

PAT Snooker 1 - wie alle anderen PAT Trainingsbände - prüft dieser verschiedene Teilaspekte des Spiels (jeder davon natürlich entscheidend für die Entwicklung der Spielstärke). Da jede Übung mit entsprechenden Regeln für das Aufsetzen und Spielen der Bälle bzw., wie die Punkte zu zählen sind, ausgestattet ist, kann jeder Versuch gemessen und mit weiteren Versuchen verglichen werden.

Die Vorgehensweise ist nun einfach: Sorgfältig Übung für Übung durchgehen, die Kugeln korrekt aufsetzen und die vorgegebenen Regeln befolgen. Dann die Übungen wieder und wieder spielen, bis die angegebenen Zielwerte kein Problem mehr darstellen.

Mit PAT ist es sicherlich einfacher, das eigene Training zu planen und die eigenen kurz-, mittel- und langfristigen Ziele heraus zu arbeiten - und natürlich, diese auch zu erreichen!

Bei richtigem Gebrauch kann dieses Übungsprogramm über einen längeren Zeitraum eine große Hilfe sein und den Spieler perfekt auf den nächsten offiziellen Test vorbereiten - einen (guten) Trainer kann es aber selbstverständlich nicht ersetzen!

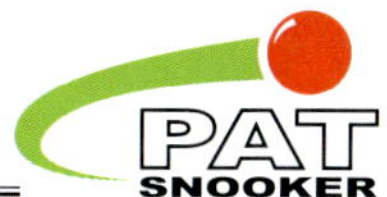

Das Trainingsystem PAT-Snooker

soll ein fester Bestandteil im Training sein. Es dient nicht nur als Prüfungssystem.

Ungeübte Spieler beginnen einfach - am besten natürlich unter Anleitung ihres Trainers - mit den Übungen und benutzen dabei das Trainingssystem als Richtschnur durch ihr Training. Die Übungs- und Spielauswahl erfolgt selbst oder in Absprache mit dem Trainer, ebenso die Fixierung der ersten Ziele.

Ein regelmäßiges Training mit den Übungen in Zusammenarbeit mit einem lizenzierten PAT-Snooker-Trainer steigert die Leistung und die Entwicklungsgeschwindigkeit.

Das Trainingssystem PAT wird dann erst nach dem ersten Durchlaufen aller Übungen - und somit als erste Erfolgs-Kontrolle und zur Festlegung der weiteren Trainings-Gestaltung - absolviert.

Geübte Spieler starten mit einem kompletten PAT in die Trainingsarbeit - dadurch ergibt sich die Auswahl der ersten Trainings-Schwerpunkte von selbst: man befasst sich zuerst mit den Übungen, die am schlechtesten absolviert worden sind.

Das Ablegen des Tests als Einstieg in die Trainingsarbeit bietet (evtl. auch für den völlig ungeübten Spieler) den Vorteil, dass von Anfang an ein größeres Verständnis für die Durchführung der Übungen und ihrer speziellen Besonderheiten vermittelt wird - auch was die Wichtigkeit der einzelnen Übungen für das Training des Spielers betrifft.

Ein offizieller Test sollte innerhalb einer Leistungsstufe allerdings nicht öfter als alle 3 Monate abgelegt werden.

Je nach Anzahl der zur Verfügung stehenden Übungsstunden sollten also 3-Monats-Ziele (Trainingspläne) formuliert werden (z.B. 50% Steigerung). Diese Ziele können nun beispielsweise verfolgt werden, bis dreimal in Folge die vorgegebenen Werte (aber zumindest 80% der PAT-Sollwerte) erreicht worden sind.

www.pat-snooker.com

Levelprüfungen

Die einzelnen Farblevel kennen wir aus z.B. dem Kampfsport. Das erreichen des nächsthöheren Levels ist ständige Motivation. Die klar definierten Aufgaben, die zur Erlangung des höheren Levels erforderlich sind, sind eindeutig definiert und somit handlungsleitend für das zielgerichtete Training. Letztlich dokumentiert der Level auch die Leistungsfähigkeit des Sportlers.

Die bestandene Prüfung ist der Lohn des Sportlers für seinen Einsatz, seinen Fleiß und seine Vorbereitung in der Trainingsarbeit.

White: Der ambitionierte Freizeitspieler wird in das Trainingssystem integriert, erlernt die Basics des Snooker und erzielt erste Trainingserfolge.

Red: Der Freizeitspieler betreibt Snooker nun als Sport und festigt seine Basis.

Yellow: Der Snookersportler trainiert kontinuierlich nach dem Trainingssystem, kann seine technischen Fähigkeiten verfestigen und Erfolge reproduzieren.

Green: Der trainierte Sportler kann die Übungskomponenten in einem Frame zielgerichtet ausführen und einsetzen.

Brown: Der Sportler kann auch unter Wettbewerbsbedingungen (Turnier, Liga) erfolgreich seine trainierten Fähigkeiten einsetzen.

Blue: Die Sicherheit in der Technik steigt weiter. Die Anwendung von PAT-Komponenten im Match zeigt messbaren Erfolg. In Turnieren oder Meisterschaftsspielen stellen sich erste Erfolge ein.

Pink: Ziele des Sportlers sind der Einsatz in der Oberliga / 2. Bundesliga und das Erreichen des Halbfinals bei nationalen Turnieren.

Black: Der Teilnahme an der Deutschen Meisterschaft und dem Einsatz in der 1. Bundesliga steht nichts mehr im Wege.

Masterlevel: In verschiedenen Leveln gewinnt das Spielvermögen an höchster Qualität. Breaks von 100 Punkten sind erreichbar.

Das Highlight der Sollwerte in den Abstufungen Gold/Silber/Bronze

Ab sofort werden sowohl für den PAT 1 als auch im PAT 2 verschiedene Sollwerte in der einzelnen Übung in Gold/Silber/Bronze unterteilt. Dadurch wird die Leistungsfähigkeit noch feiner analysiert und die Entwicklung endet vorerst bei Gold.
Die Motivation in der Testphase bei den Teilnehmern unterschiedlichster Spielniveaus war zu spüren. Das Ziel war die Eingangsstufe Bronze, aber niemand möchte sich damit zufrieden geben.

Wer möchte nicht eine Goldmedaille sein eigen nennen?

Bewertung innerhalb eines Levels (6 Übungen):

Sollwert unter Bronze:	0 Punkte
Bronze:	1 Punkt
Silber:	2 Punkte
Gold:	3 Punkte

Berechnung der Medaille:

$$\frac{\text{erzielte Medaillenpunkte des Levels}}{\text{6 (Anzahl der Übungen)}}$$

Beispiel:

Sollwerte	2 x Gold	= 6 Punkte
Sollwerte	1 x Silber	= 2 Punkte
Sollwerte	2 x Bronze	= 2 Punkte
Sollwerte	1 x unter Bronze	= 0 Punkte
		= 10 Punkte : 6 = 1,66

ergibt Silber gesamt für diesen Level

Wie wird der Durchschnitt für den Levelabschluss eingestuft?

0,83 – 1,5	= Bronze
> 1,5 – 2,5	= Silber
> 2,5 – 3	= Gold

Die Prüfungsrichtlinien enthalten die folgenden Punkte:

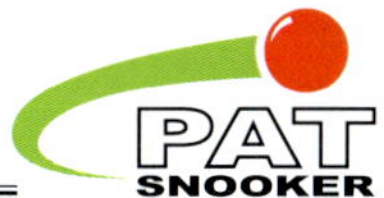

Prüfungsrichtlinie

1. TERMINE
2. AUSSCHREIBUNG DER PRÜFUNGEN
3. PRÜFER
4. SEMINARE PRÜFUNGSVORBEREITUNG
5. PRÜFUNGSRICHTLINIEN
6. ANMELDUNG
7. DIE PRÜFUNG
8. VERHALTEN IN DER PRÜFUNG
9. WERTUNG DER PRÜFUNG (LEVEL WHITE-GREEN)
10. PRÜFUNGSDIPLOM

1. Termine

Die Prüfungstermine werden öffentlich auf www.pat-snooker.com publiziert.

2. Ausschreibung der Prüfungen

Die Prüfungen werden offiziell bundesweit durch qualifizierte Prüfer ausgeschrieben und abgenommen.

3. Prüfer

Die Prüfer und Trainer des PAT Snooker sind in diesem System geschult, ausgebildet und qualifiziert worden. Sie leiten die Prüfungsvorbereitung und die Prüfung.

4. Seminare Prüfungsvorbereitung

Es werden Prüfungsvorbereitungstermine angeboten. Die Termine werden mit der Ausschreibung der Prüfung bekannt gegeben.

5. Prüfungsrichtlinien

Jeder Level muss einzeln absolviert und geprüft werden. Der Nachweis der Prüfungen erfolgt über ein zentrales öffentliches System. Das Überspringen eines Level ist nicht zulässig. Es können je nach Ausschreibung bis zu drei Level pro Prüfungstag absolviert werden.

6. Anmeldung

Eine Anmeldung zu einer Prüfung ist verbindlich. Bei Nichtantreten wird die Prüfungsgebühr fällig. Die Zahlung erfolgt gemäß Ausschreibung vor Ort oder durch vorherige Überweisung an den Prüfungsträger.

7. Die Prüfung

Jeder Level wird mit 2 Spielern pro Tisch geprüft und nach jeweils 3 Übungen wechselt der aktive Spieler. Die Spieler erfassen die Ergebnisse des jeweils anderen am Tisch. Nach 3 Übungen wird eine Pause von 10 Minuten gemacht.
Die Einspielzeit vor Prüfungsbeginn bzw. nach Spielerwechsel beträgt 3 Minuten.

8. Verhalten in der Prüfung

Während der laufenden Übung ist eine Kommunikation zwischen den Spielern nicht erlaubt. Es werden lediglich Daten wie Aufnahmen, Punkte kommuniziert.

Der nicht aktive Spieler nimmt die Schiedsrichterfunktion ein und verhält sich unauffällig. Bei Beendigung einer Übung gibt der bis dahin nicht aktive Spieler dem aktiven das Ergebnis „bestanden“ oder „nicht bestanden“ bekannt. Eine Analyse oder Diskussion des Spiels unter den Spielern vor Beendigung der gesamten Prüfung hat zu unterbleiben.

9. Wertung der Prüfung (Level White-Green)

Die Prüfung gilt als bestanden, wenn 5 aus 6 Prüfungsübungen erfolgreich absolviert wurden.
Sollten nur 4 Übungen erfolgreich absolviert worden sein, ist eine Nachprüfung der 2 nicht bestandenen Teile im Anschluss an den regulären Prüfungsteil möglich. Wird mindestens eine der nachgeprüften Übungen erfolgreich absolviert, so gilt die Prüfung insgesamt als bestanden.

Kann nicht mindestens eine der 2 nachgeprüften Übungen erfolgreich absolviert werden, so gilt der gesamte Level als nicht bestanden.

Die erneute Abnahme der Prüfung in einem nicht bestandenen Level soll nicht vor Ablauf von 2 Monaten erfolgen.

10. Prüfungsdiplom

Das erfolgreiche Bestehen einer Levelprüfung wird in Form eines Diplom vor Ort durch den Prüfer bestätigt.
Die Daten der Prüfungen werden für interne Weiterentwicklung genutzt. In der Publikation wird nur der Farblevel gelistet.

Bedeutung der Piktogramme

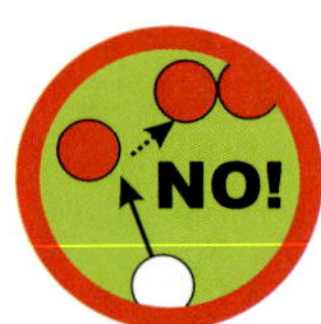

es darf ausschließlich der direkt angespielte Ball berührt/bewegt werden

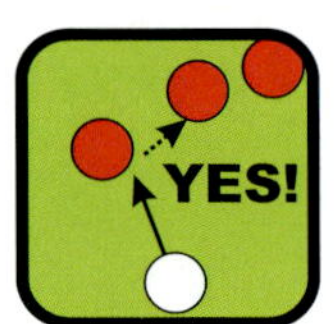

es dürfen mehrere Bälle berührt/ bewegt werden

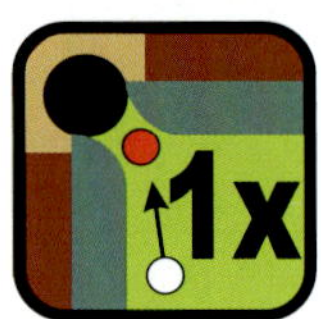

es ist verboten, zweimal in Folge in die gleiche Tasche zu spielen

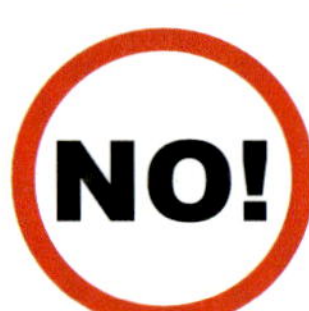

Es ist nicht erlaubt in diese Tasche zu spielen.

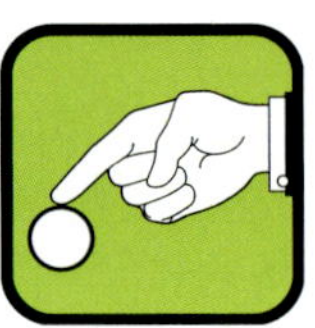

Spielball darf frei (ball in hand) auf dem Tisch oder den vorgegebenen Linien (Achsen) gelegt werden.

Die Deutung des „COUNTERS“

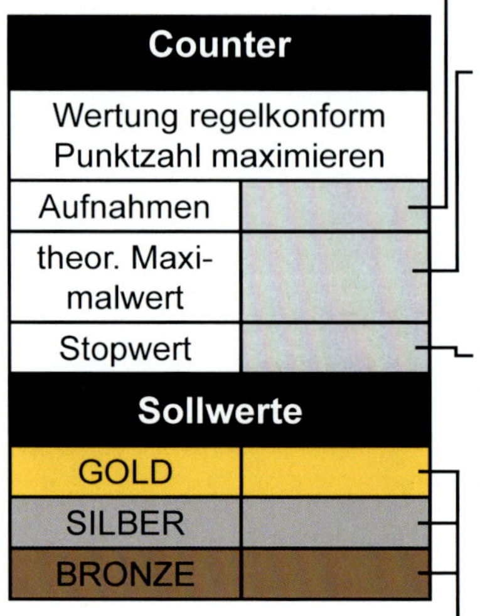

Counter	
Wertung regelkonform Punktzahl maximieren	
Aufnahmen	
theor. Maximalwert	
Stopwert	
Sollwerte	
GOLD	
SILBER	
BRONZE	

Je nach Übung wird die Zahl der erlaubten Aufnahmen oder Versuche angegeben.

Gibt den Wert an, der bei 100%iger Punktausbeute mit der max. zulässigen Anzahl der Aufnahmen/Versuche zu erreichen wäre.

Bei Erreichen des Stopwertes wird die Übung beendet. Die Prüfung ist erfolgreich absolviert und soll aus Zeitgründen nicht weiter gespielt werden.

Geben den jeweils zu erreichenden Wert für die Bewertungen GOLD, SILBER und BRONZE an.

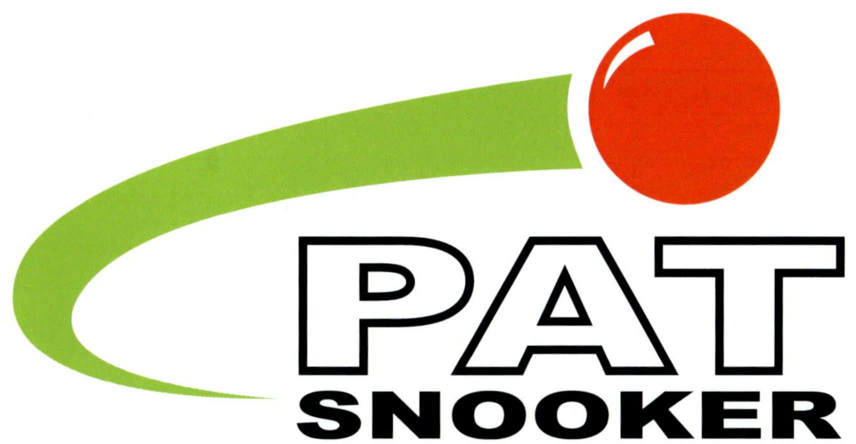

- Trainingsbereich -

	Ergebnisse je Versuch										Punkte	
Datum	1	2	3	4	5	6	7	8	9	10	gesamt	Schnitt

Notizen , Bemerkungen

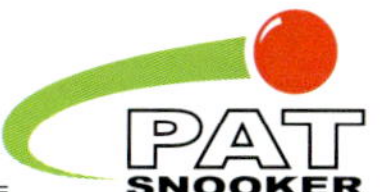

Ziele:

Diese Übung verbindet prinzipiell alle Elemente des Snooker. Cross Line Up bietet als standardisierte Übung ein Alternative zum üblichen Line Up, mit der Sie das Lochen aus verschiedenen Winkeln in mehrere Taschen ebenso trainieren, wie exaktes Positionsspiel und Verständnis der Laufwege. Besondere Schwierigkeit hier ist, dass gerade zu Beginn einige Laufwege durch das Setup eingeschränkt sind.

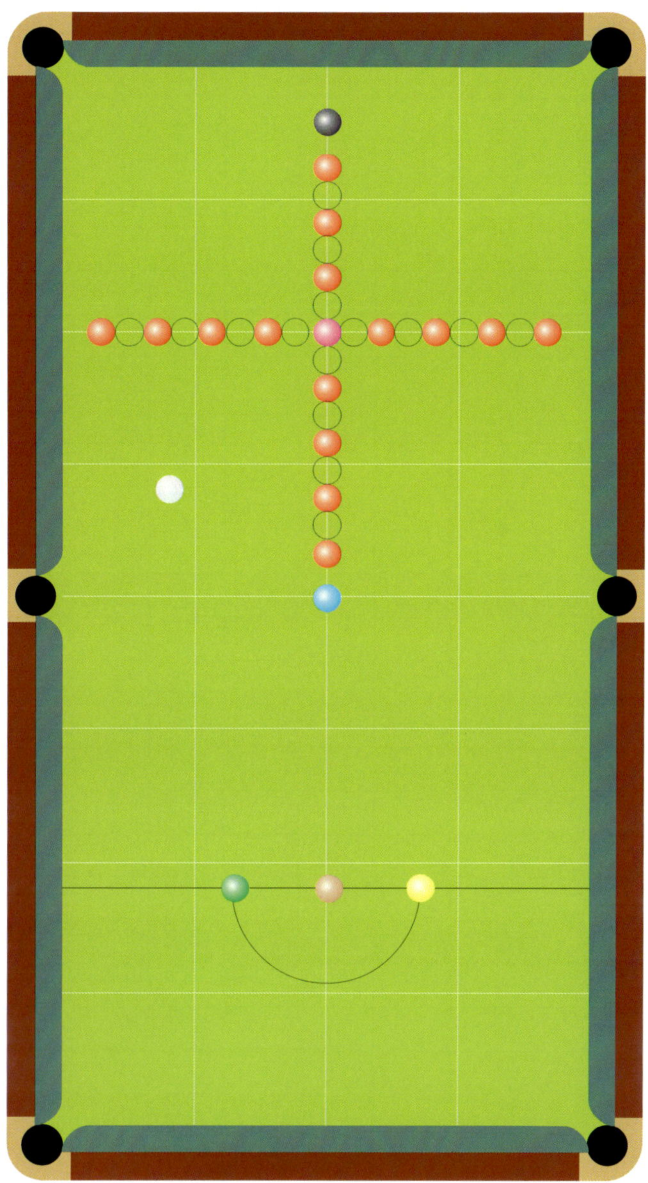

Aufbau:

Positionieren Sie alle Farben auf ihrem jeweiligen Spot. Die Roten legen Sie wie folgt: drei mit je einer Ballbreite über Pink, vier mit gleichem Abstand unter Pink, je vier mit gleichem Abstand links und rechts von Pink.

Aufgabe:

Spielen Sie regelkonform ein Break und versuchen Sie eine Clearance. Beginnen Sie mit Ball in Hand. Wird ein Ball verfehlt, so beginnen Sie erneut. Es dürfen mehrere Bälle bewegt werden.

Wertung bei der Leistungsdiagnostik:

Die Wertung erfolgt regelkonform. Spielen Sie 10 Aufnahmen und maximieren Sie die Gesamtpunktzahl. Wurden 300 Punkte erreicht, so gilt die Übung als beendet.

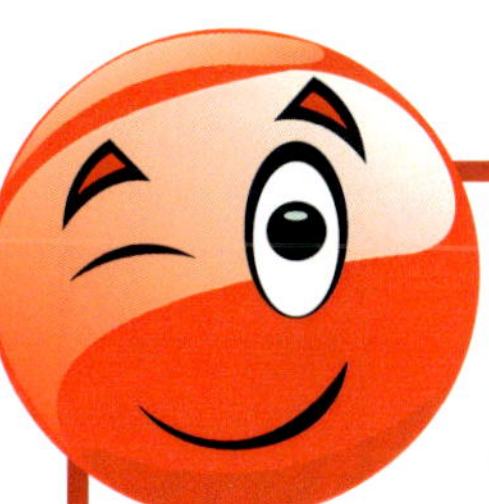

mein Tipp

Für die Analyse und die Verbesserung im Cross Line Up ist es wichtig, die Fehlerquellen festzuhalten und im Training Alternativen zu erarbeiten.

Nicht immer ist die „erste“ Idee des Spielers die einfachste Lösung für den nächsten Ball oder die nächste Position.

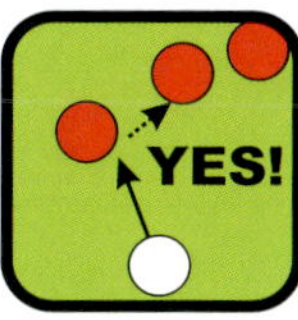

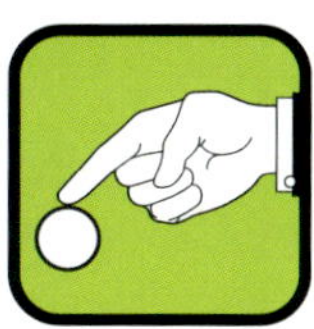

Counter	
Wertung regelkonform 10 Aufnahmen Punktzahl maximieren	
Aufnahmen	10
theor. Maximalwert	1470
Stopwert	300
Sollwerte	
GOLD	**250**
SILBER	**200**
BRONZE	**90**

	Ergebnisse je Versuch										Punkte	
Datum	1	2	3	4	5	6	7	8	9	10	gesamt	Schnitt

Notizen , Bemerkungen

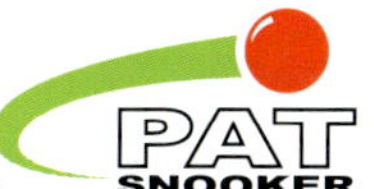

Ziele:

Um hohe Breaks zu erzielen, sollte das Lochen hoher Farben und exaktes Stellungsspiel mit kurzen Laufwegen beherrscht werden. Mit dieser Übung wird das sichere Lochen von Pink trainiert. Neben dem reinen Lochen wird zugleich die Cueball-Kontrolle gefördert, Das kleine „perfekte“ Positionsspiel ist das Ziel.

Aufbau:

Legen Sie Pink auf den angestammten Spot. Der erste Stoß erfolgt mit Ball in Hand von der gekennzeichneten Achse.

Aufgabe:

Lochen Sie Pink – beginnend mit Ball in Hand – in eine der vier umliegenden
Taschen. Fällt Pink, kommt diese zurück auf ihren Spot und wird aus der Ablage der Weißen erneut versenkt. Der Versuch endet, wenn Pink nicht, oder Weiß fällt. Es ist nicht erlaubt, Pink zwei- oder mehrfach in Folge in die gleiche Tasche zu spielen.

Wertung bei der Leistungsdiagnostik:

Je gelochter Pink erhalten Sie einen Punkt. Die Serie kann theoretisch endlos gespielt werden. Nach einem Fehlversuch beginnen Sie erneut mit Ball in Hand. Spielen Sie 10 Serien und versuchen Sie, den Durchschnitt zu steigern.

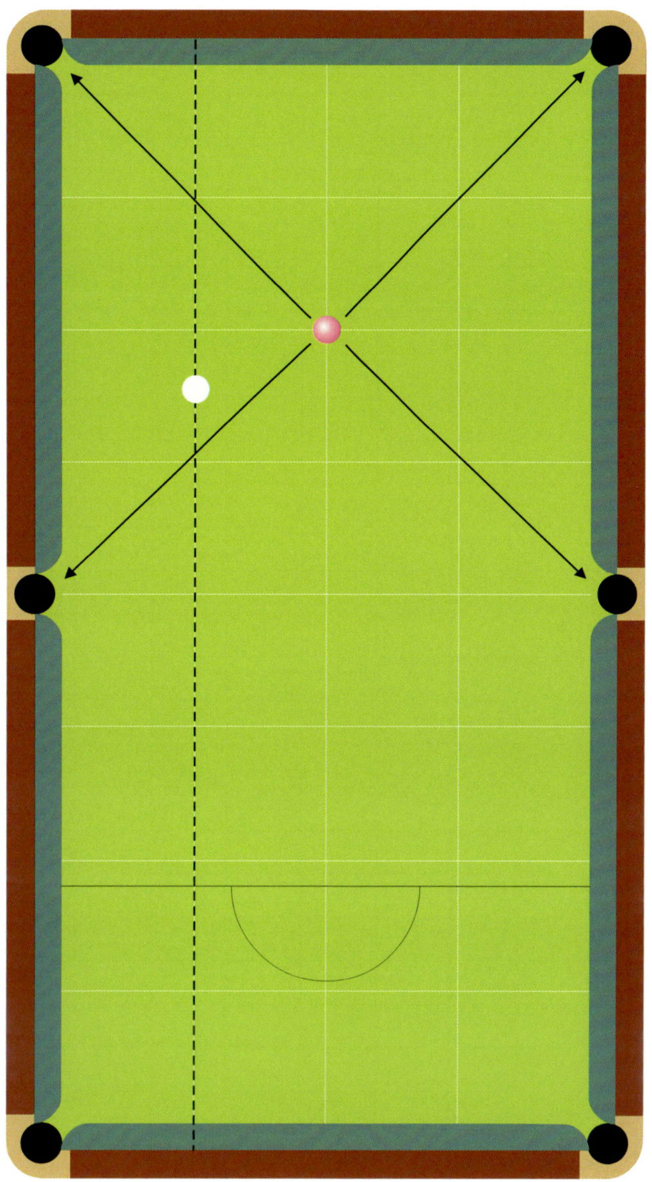

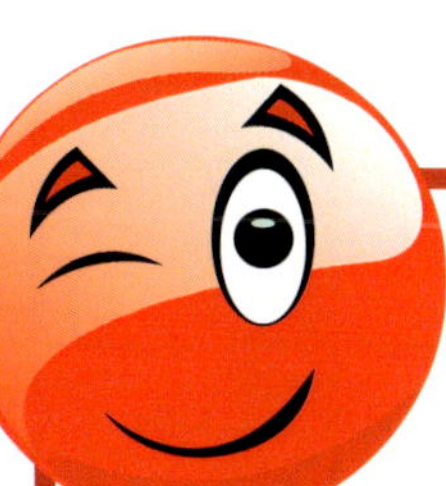

mein Tipp

Wenn Sie Pink schon recht sicher lochen, lenken Sie Ihren Fokus auf das Positionsspiel. Dazu sollten Sie bei „ball in hand“ Weiß bereits mit einem Winkel zur Linie Pink-Tasche positionieren.

Ihr Durchschnitt wird zunächst sinken, aber die Qualität des Positionsspiels steigt messbar.

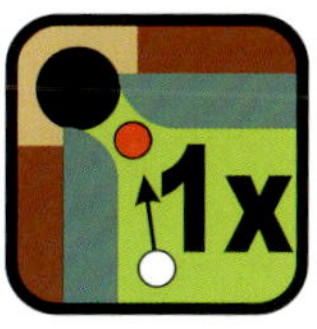

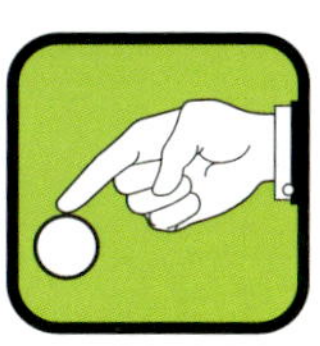

Counter	
Pink gelocht = 1 Punkt 10 Versuche Punktzahl maximieren	
Aufnahmen	10
theor. Maximalwert	endlos
Stopwert	75
Sollwerte	
GOLD	75
SILBER	50
BRONZE	20

	Ergebnisse je Versuch										Punkte	
Datum	1	2	3	4	5	6	7	8	9	10	gesamt	Schnitt

Notizen , Bemerkungen

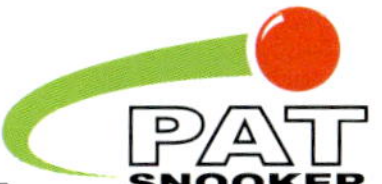

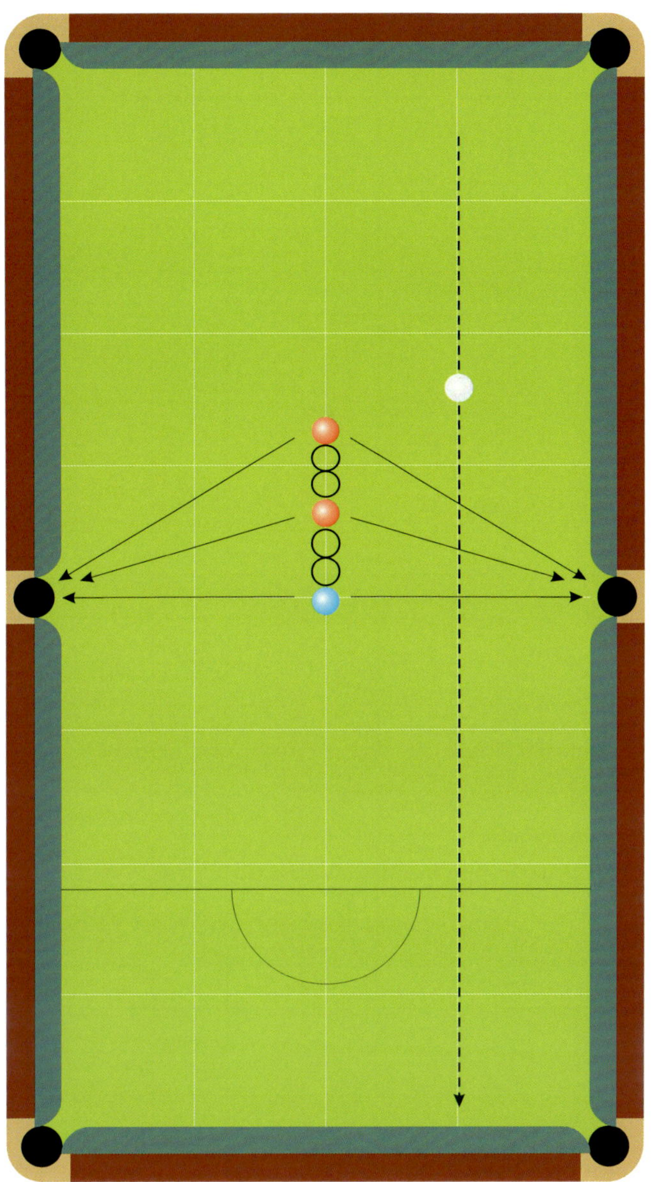

Ziele:

Mit dieser Übung soll das exakte Positionsspiel bei kurzen Laufwegen trainiert werden. Mag das Setup optisch auch leicht erscheinen, so ist gutes Tempogefühl gefragt, da Korrekturen nur über Banden und lange Wege möglich sind.

Aufbau:

Positionieren Sie Blau auf angestammtem Spot. Legen Sie zwei Rote mit jeweils zwei Ballbreiten Abstand über oder unter Blau.

Aufgabe:

Beginnen Sie mit Ball in Hand, jedoch mit Spielball auf der Achse und räumen Sie den Tisch regelkonform ab. Es darf ausschließlich in die Mitteltaschen gelocht werden und nur der angespielte Objektball darf sich bewegen.

Wertung bei der Leistungsdiagnostik:

Die Punktwertung erfolgt regelkonform. Es werden 10 Aufnahmen gespielt; maximal möglich sind 120 Punkt. Sind 90 Punkte erreicht, ist die Übung beendet.

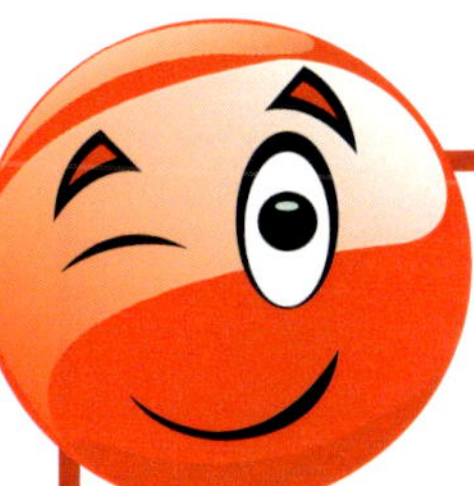

mein Tipp

Wenn Sie diese Übung bereits beherrschen, so variieren Sie bewusst mit mehreren Roten. Lochen Sie auch in die Ecktaschen oder lassen Sie Weiß über die Banden laufen. So trainieren Sie das Tempogefühl und das Verständnis von Laufwegen. So lernen Sie, im Match auch nach Verstellen „zurück ins Break“ zu finden.

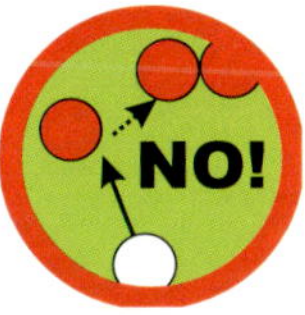

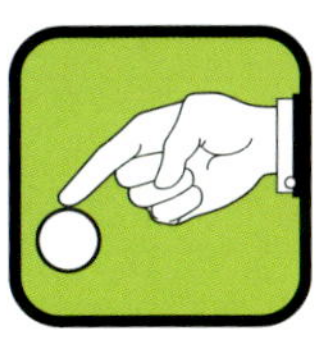

Counter	
Wertung regelkonform 10 Aufnahmen Tisch abräumen	
Aufnahmen	10
theor. Maximalwert	120
Stopwert	90
Sollwerte	
GOLD	**90**
SILBER	**80**
BRONZE	**66**

	Ergebnisse je Versuch										Punkte	
Datum	1	2	3	4	5	6	7	8	9	10	gesamt	Schnitt

Notizen , Bemerkungen

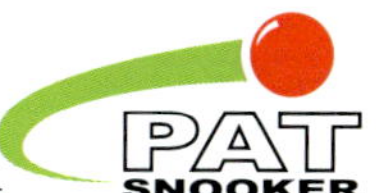

Ziele:

Gerade beim Lochen in die Mitteltaschen ist höchste Genauigkeit gefragt, bieten die Tascheneinläufe doch kaum Karenz. Gezieltes Training, auch und gerade aus schwierigen Winkeln, ist unverzichtbar, um Selbstvertrauen und Sicherheit auf diese Bälle zu gewinnen. So kann im Match oft ein Break fortgesetzt werden, welches bei „Angst" vor der Mitteltasche zum Ausstieg zwingen würde.

Aufbau:

Positionieren Sie eine Rote auf Pink. Legen Sie je drei weitere Rote links und rechts von dieser; alle Bälle haben jeweils eine Ballbreite Abstand.

Aufgabe:

Lochen Sie die Roten ausschließlich und direkt (kein Double) in die Mitteltaschen, beginnend mit Ball in Hand. Es darf nur der direkt angespielte Ball touchiert werden.

Wertung bei der Leistungsdiagnostik:

Für jeden gelochten Ball erhalten Sie einen Punkt. Wird ein Ball verschossen oder ein weiterer als der direkt gespielte Ball berührt, so bauen Sie neu auf und beginnen wieder mit Ball in Hand. Spielen Sie 10 Aufnahmen und maximieren Sie Ihre Gesamtpunktzahl.

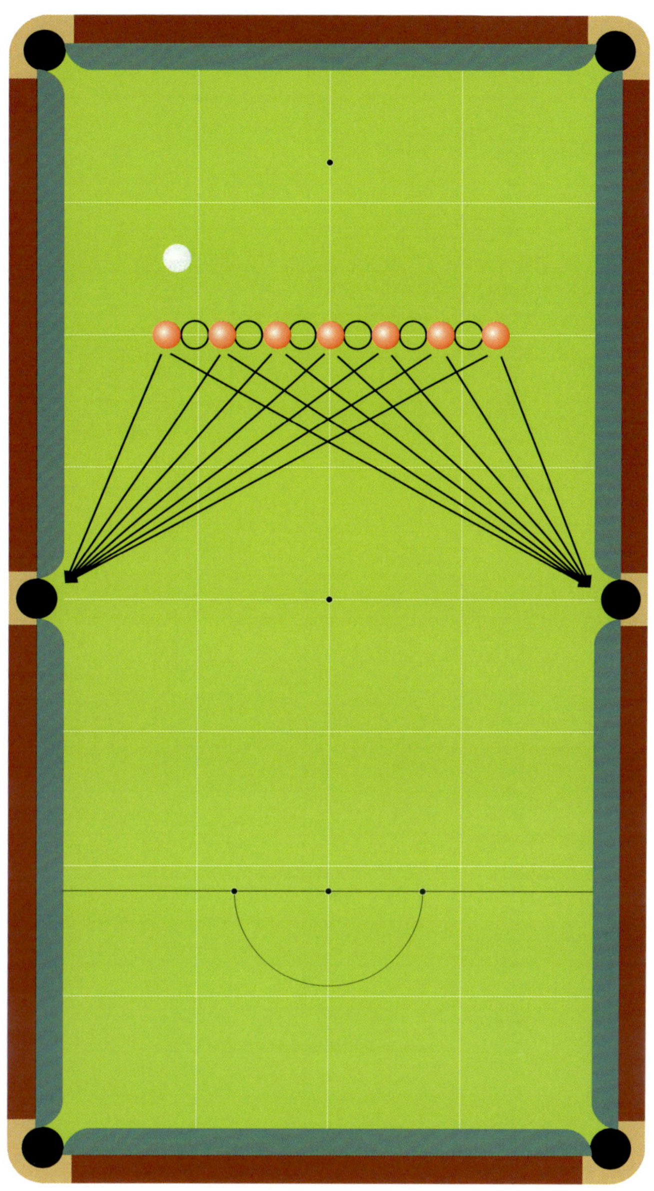

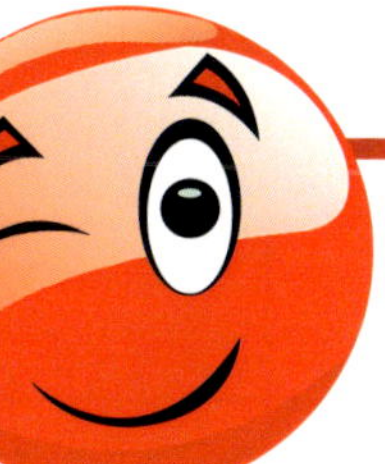

mein Tipp

Diese Übung sollte regelmäßig auf den Trainingsprogramm stehen. Gerade zu Beginn des Frames sind die Wege in die Ecktaschen oft noch blockiert. Um im Break zu bleiben, kann es sehr hilfreich sein, auf die „schwierigen" Mitteltaschen relativ sicher zu sein. Schwierige Rote sollten „blitzsauber" weich ohne Tascheneinlauf gelocht werden.

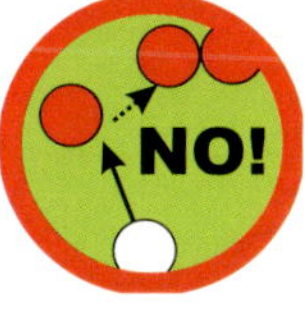

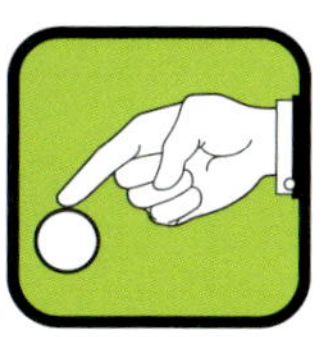

Counter	
Rot in Mitteltasche = 1 Punkt 10 Aufnahmen Tisch abräumen	
Aufnahmen	10
theor. Maximalwert	70
Stopwert	X
Sollwerte	
GOLD	**55**
SILBER	**33**
BRONZE	**20**

	Ergebnisse je Versuch										Punkte	
Datum	1	2	3	4	5	6	7	8	9	10	gesamt	Schnitt

Notizen , Bemerkungen

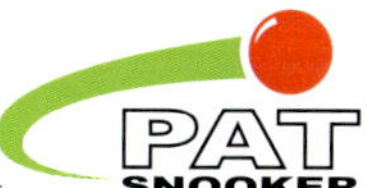

Ziele:

Ob zu Beginn des Frames noch viele Rote auf dem Tisch sind oder alle „leichter" spielbaren Roten bereits gelocht wurden – um im Break zu bleiben, ist es häufig erforderlich, auch an der Bande liegende Bälle anzugehen. In dieser Übung wird das Breakbuilding um Schwarz mit schweren Roten trainiert. Die schwierige Ausgangsposition von Weiß erhöht den Anspruch zusätzlich. Wer auch das beherrscht, ist auf dem Weg zum „Big Break" einen großen Schritt weiter.

Aufbau:

Positionieren Sie Schwarz auf angestammten Spot. Legen Sie je eine Rote mittig zwischen Schwarz und langer Bande mit einer Ballbreite Abstand von der schwarzen Bande. Weiß legen Sie press hinter Schwarz.

Aufgabe:

Räumen Sie den Tisch regelkonform ab.

Wertung bei der Leistungsdiagnostik:

Die Wertung erfolgt regelkonform. Spielen Sie 10 Aufnahmen in Serie und optimieren Sie Ihre Gesamtpunktzahl.

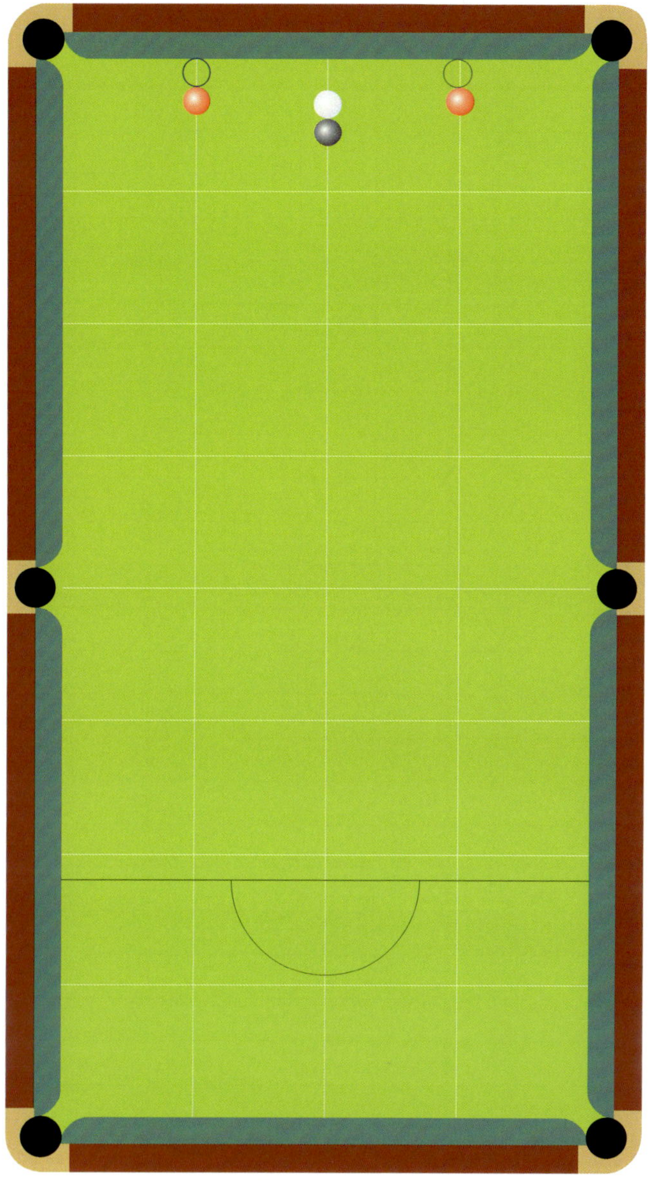

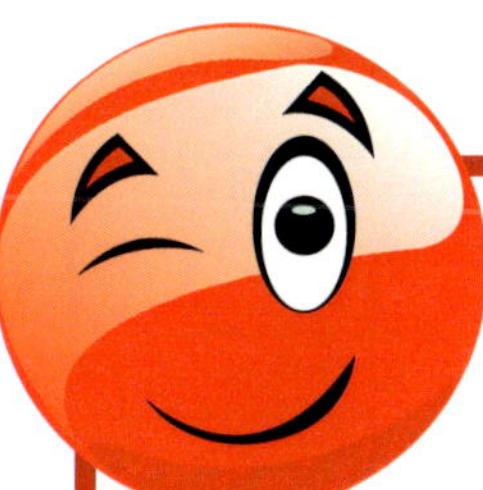

mein Tipp

Verändern Sie im Training auch einmal die Lage der Roten. Vorsicht! Machen Sie sich auf „fremden" Tischen mit dem Schnitt (Cut) der Taschen, dem Bandenabschlag und der Tuchgeschwindigkeit vertraut.
Experimentieren Sie mit verschiedensten Stoßwirkungen. Schließen Sie keinen Stoß aus ohne ihn mehrfach probiert zu haben.

Counter	
Punktwertung regelkonform 10 Versuche Tisch abräumen	
Aufnahmen	10
theor. Maximalwert	160
Stopwert	X
Sollwerte	
GOLD	**96**
SILBER	**80**
BRONZE	**64**

Level 5 BROWN

	Ergebnisse je Versuch										Punkte	
Datum	1	2	3	4	5	6	7	8	9	10	gesamt	Schnitt

Notizen , Bemerkungen

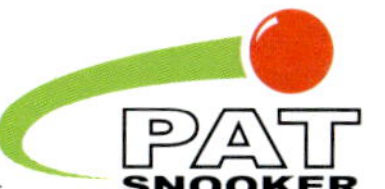

Ziele:

Diese Übung schult sowohl die Sicherheit bei Longpots, als auch das Tempogefühl. Je nach Safety-Fähigkeiten des Gegners bieten sich u.U. nicht viele Möglichkeiten zum Einstieg in ein Break. So kann es hilfreich, wenn nicht gar erforderlich sein, einen langen Einstiegsball zu nutzen, um ins Break zu kommen.

Aufbau:

Positionieren Sie eine Rote jeweils vier Ballbreiten von schwarzer und linker bzw. rechter Längsbande vor die Tasche; Blau legen Sie auf angestammten Spot. Weiß wird als Ball in Hand ins D gelegt.

Aufgabe:

Lochen Sie Rot links mit Ball in Hand aus dem D und stellen Sie auf Blau. Versenken Sie Blau in die linke Mitteltasche (1). Spielen Sie dann Rot rechts in die Ecktasche und Blau in die rechte Mitteltasche (2).

Wertung bei der Leistungsdiagnostik:

Für das versenken von Rot und Blau erhält man einen (1) Punkt. Spielen Sie im Wechsel links-rechts-links 10 Versuche je Seite und optimieren Sie die Gesamtpunktzahl.

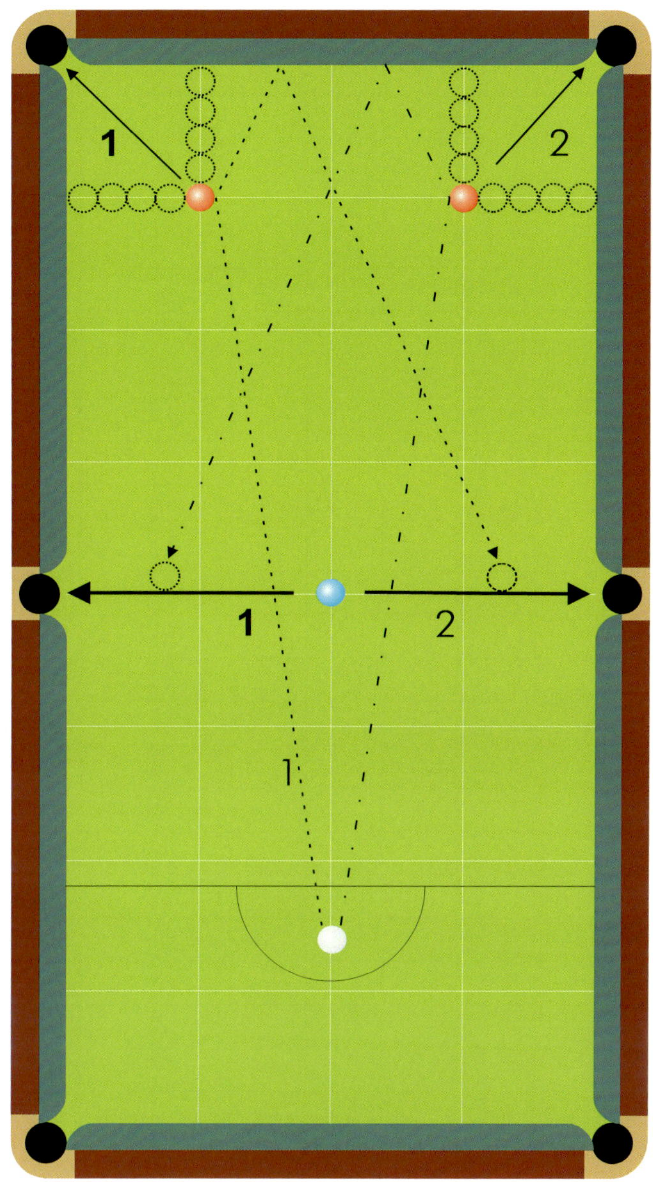

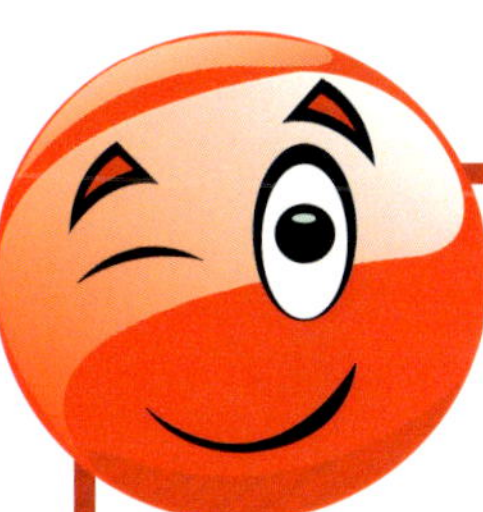

mein Tipp

Trainieren Sie diese Übung aus verschiedenen Positionen von Weiß innerhalb des D. Stellen Sie im Training Blau auch mal auf die gegenüberliegende Mitteltasche.
So gewinnen Sie Sicherheit bei Long Pots, erlernen Laufwege und steigern Ihr Tempogefühl. Blau ist oft die einzig verfügbare Farbe.

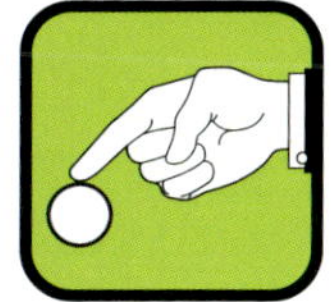

Counter	
Rot + Blau versenkt = 1 Punkt 10 Versuche Tisch abräumen	
Aufnahmen	10
theor. Maximalwert	20
Stopwert	X
Sollwerte	
GOLD	8
SILBER	6
BRONZE	3

	Ergebnisse je Versuch						Punkte	
Datum	1	2	3	4	5	6	gesamt	Schnitt

Notizen , Bemerkungen

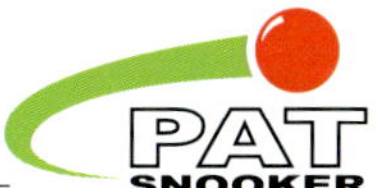

Ziele:

Diese Übung trainiert das Breakbuildung um die hohen Farben. T-time bietet eine standardisierte Übung, mit der Sie das Lochen aus verschiedenen Winkeln in mehrere Taschen ebenso trainieren, wie exaktes Positionsspiel und Verständnis der Laufwege. Besondere Anforderungen stellen die zu Beginn stark eingegrenzten Laufwege sowie die teils schwierigen Winkel.

Aufbau:

Positionieren Sie alle Farben auf ihrem jeweiligen Spot. Neun Rote legen Sie wie folgt: Drei Rote legen Sie gleichmäßig zwischen Pink und Schwarz. Je drei weitere Rote legen Sie in gleichem Abstand links und rechts von Pink.

Aufgabe:

Spielen Sie regelkonform ein Break und versuchen Sie eine Clearance. Beginnen Sie mit Ball in Hand. Der Kontakt mit anderen als dem direkt angespielten Objektball ist zulässig. Wird ein Ball verschossen, so bauen Sie neu auf.

Wertung bei der Leistungsdiagnostik:

Die Wertung erfolgt regelkonform. Ziel ist, 100 Punkte in möglichst wenig, maximal 6 Aufnahmen zu erreichen.

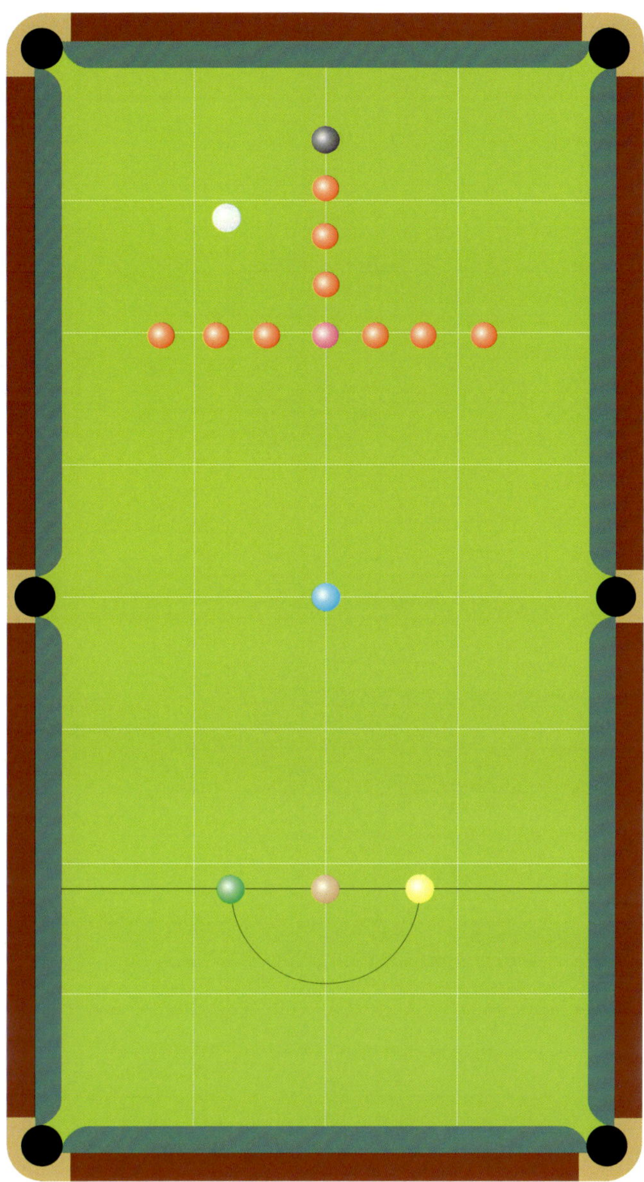

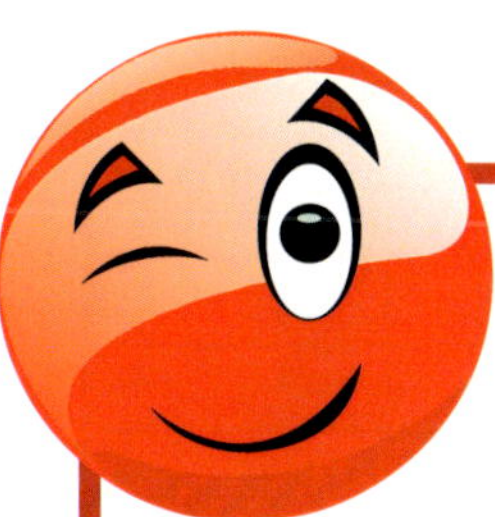

mein Tipp

Planen Sie Ihr Break weit voraus. Das Setup bietet weniger Möglichkeiten, bei Stellungsfehlern einen alternativen Ball zu spielen, als dies im geraden Line Up möglich ist.
Der Spielball wird nie eine „Punktlandung" machen. Analysieren Sie die „neue" Position wieder sehr genau.

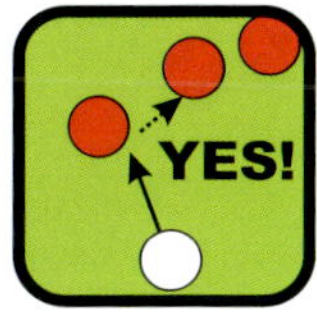

Counter	
Wertung regelkonform 10 Aufnahmen 100 Punkte mit wenig Aufnahmen	
Aufnahmen	6
theor. Maximalwert	990
Stopwert	100
Sollwerte	
GOLD	2 Aufnahmen
SILBER	4 Aufnahmen
BRONZE	6 Aufnahmen

	Ergebnisse je Versuch										Punkte	
Datum	1	2	3	4	5	6	7	8	9	10	gesamt	Schnitt

Notizen , Bemerkungen

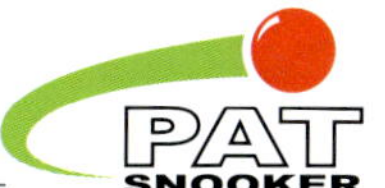

Ziele:

Exaktes Stellungsspiel ist der Schlüssel zum Erfolg – egal, in welchem Tischdrittel Sie gerade Ihr Break fortsetzen. Diese Übung schult das exakte Stellungsspiel. Stellungsfehler lassen sich nur durch lange Laufwege mit exaktem Timing oder durch lange Wege zu den Ecktaschen korrigieren.

Aufbau:

Positionieren Sie Blau auf Spot. Legen Sie vier Rote rechteckig um Blau. Legen Sie dazu als Maßstab ein DIN A4-Blatt horizontal an Blau an. Weiß ist Ball in Hand.

Aufgabe:

Lochen Sie, beginnend mit Ball in Hand, regelkonform Rot und Blau im Wechsel und räumen den Tisch ab.
Rot und Blau dürfen ausschließlich in die Mitteltaschen (1) + (2) gelocht werden. Es darf kein anderer, als der direkt angespielte Ball berührt werden. Spielen Sie 10 Aufnahmen und maximieren Sie die Gesamtpunktzahl.

Wertung bei der Leistungsdiagnostik:

Die Wertung der Punkte erfolgt regelkonform. Je Aufnahme sind also max. 24 Punkte möglich.

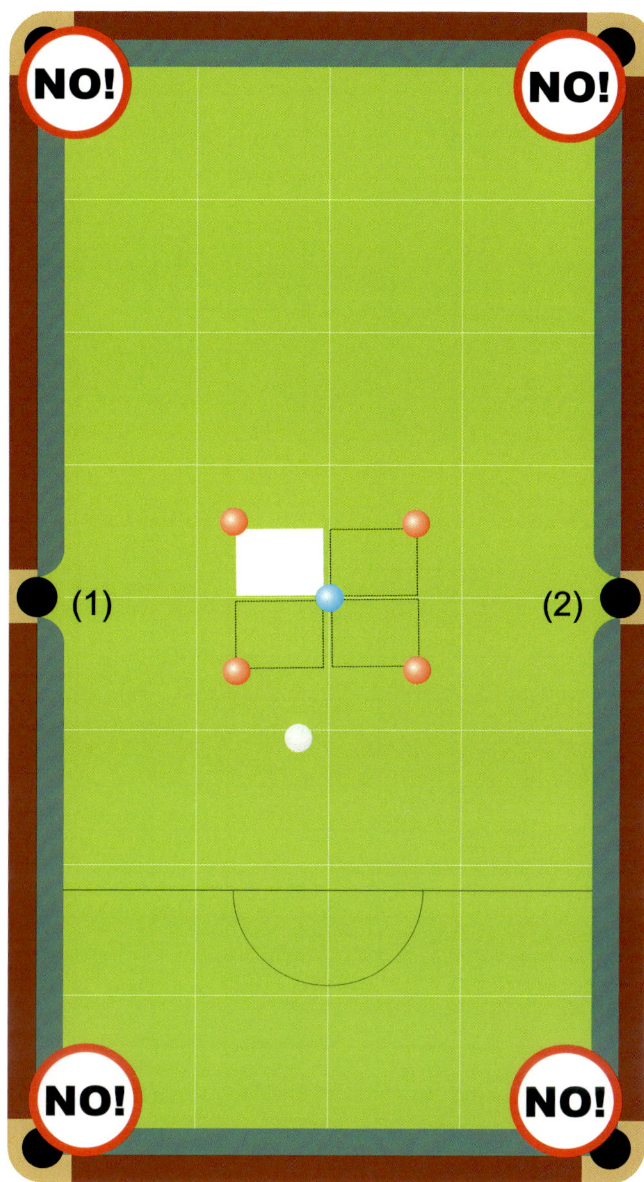

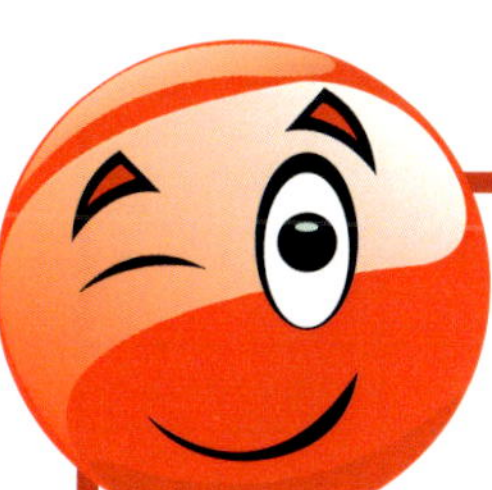

mein Tipp

Den größten Trainingseffekt bezüglich des Positionsspiels erreichen Sie, in dem Sie ausschließlich in die Mitteltaschen lochen. Dazu ist erforderlich, das „Break" vor Positionierung des Ball in Hand zu planen, was zusätzlich die richtige Stoßauswahl trainiert. Planen Sie möglichst kurze Laufwege.

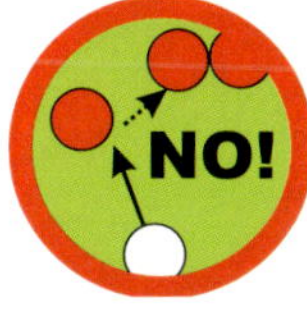

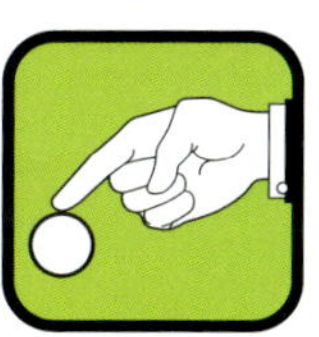

Counter	
Wertung regelkonform 10 Versuche Punktzahl maximieren	
Versuche	10
theor. Maximalwert	240
Stopwert	X
Sollwerte	
GOLD	**156**
SILBER	**132**
BRONZE	**120**

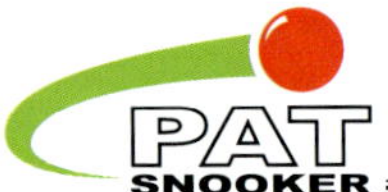

	Ergebnisse je Versuch										Punkte	
Datum	1	2	3	4	5	6	7	8	9	10	gesamt	Schnitt

Notizen , Bemerkungen

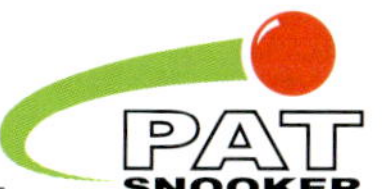

Ziele:

Ob als „Kür“ eines bereits sicheren Frames oder als entscheidene Spielsituation: das Lochen der Farben vom Spot ist eine der wenigen echten Standardsituationen im Snooker und sollte daher beherrscht werden.

Aufbau:

Positionieren Sie alle Farben auf ihrem jeweiligen Spot. Weiß ist zu Beginn Ball in Hand, muss jedoch auf der markierten Linie liegen. Gelb muss in die gelbe Ecktasche gelocht werden.

Aufgabe:

Räumen Sie den Tisch regelkonform ab. Wurde ein Ball verschossen, beginnen Sie von vorn.

Wertung bei der Leistungsdiagnostik:

Die Wertung der Punkte erfolgt regelkonform, so dass maximal 27 Punkte je Aufnahme möglich sind. Spielen Sie Serien von 10 Versuchen und erreichen Sie mindestens 108 Punkte in Summe.

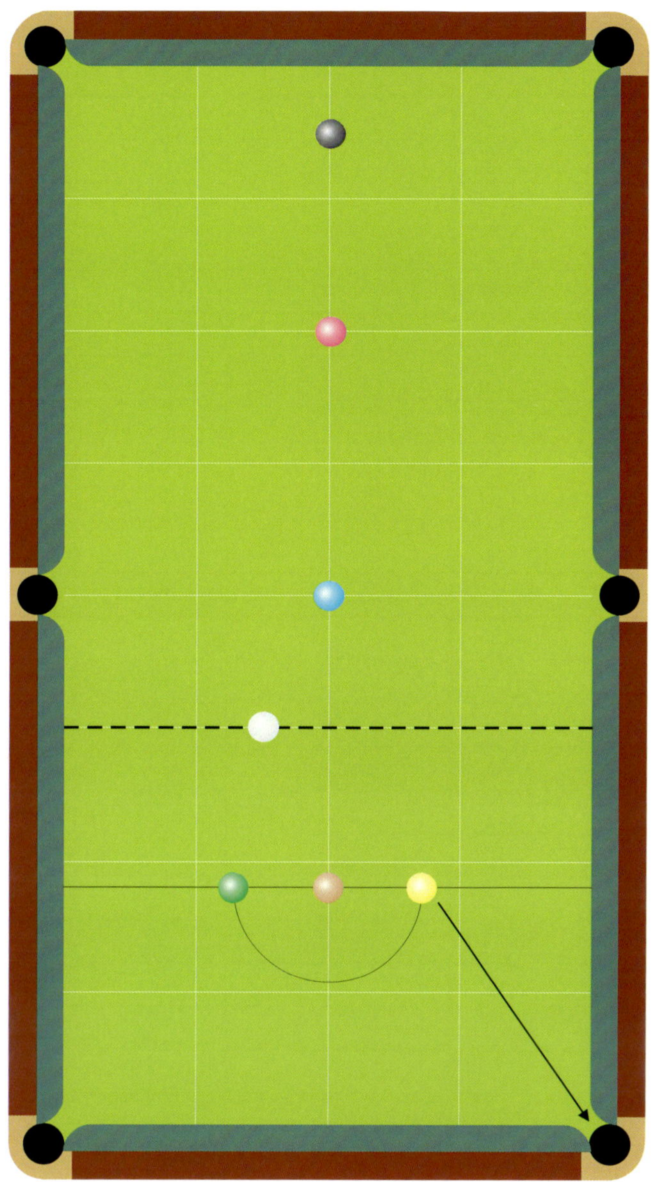

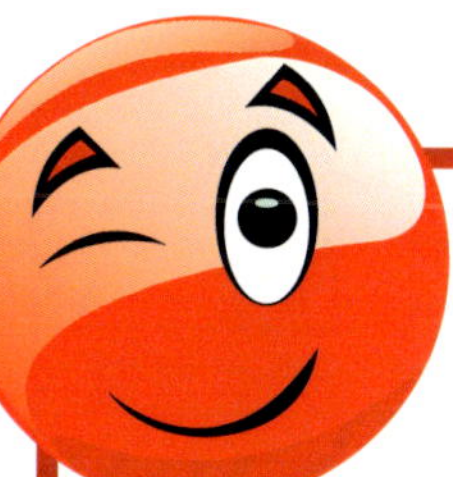

mein Tipp

Legen Sie zur Steigerung des Trainingsanspruchs auch mal eine Farbe vom Spot an eine andere Stelle. Jetzt wird es schwer. Üben Sie diese Übung regelmäßig und geben Sie sich erst zufrieden, wenn Ihnen regelmäßig die Clearance gelingt. Es wäre ärgerlich, wenn Ihr Maximumbreak an Pink und Schwarz scheitert, oder?

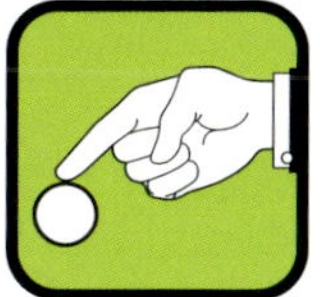

Counter	
Wertung regelkonform 10 Aufnahmen Tisch abräumen	
Aufnahmen	10
theor. Maximalwert	270
Stopwert	X
Sollwerte	
GOLD	180
SILBER	140
BRONZE	108

	Ergebnisse je Versuch										Punkte	
Datum	1	2	3	4	5	6	7	8	9	10	gesamt	Schnitt

Notizen , Bemerkungen

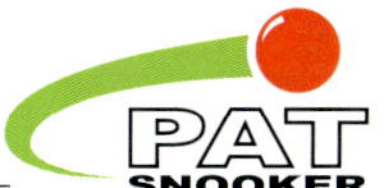

Ziele:

Diese Übung trainiert das sichere Lochen auf alle Taschen. Das Setup ermöglicht eine Vielzahl von Variationen, wie der Tisch abgeräumt wird. Sie eignet sich daher insbesondere, bei standardisiertem Setup unterschiedliche Breaks aufzubauen.

Aufbau:

Positionieren Sie je eine Rote auf den Gelb-, Grün-, Braun-, Blau- und Pink-Spot. Zwei Rote legen Sie neben den Pink-Spot auf Höhe von Gelb und Grün. Zwei Rote legen Sie mit gleichem Abstand über bzw. unter Blau.

Aufgabe:

Räumen Sie den Tisch in beliebiger Reihenfolge ab. Beginnen Sie mit Ball in Hand. Es darf ausschließlich der gespielte Ball mit Weiß berührt werden.

Wertung bei Leistungsdiagnostik:

Pro gelochtem Ball erhalten Sie einen Punkt. Wird ein Ball verschossen, so bauen Sie neu auf und beginnen erneut mit Ball in Hand.

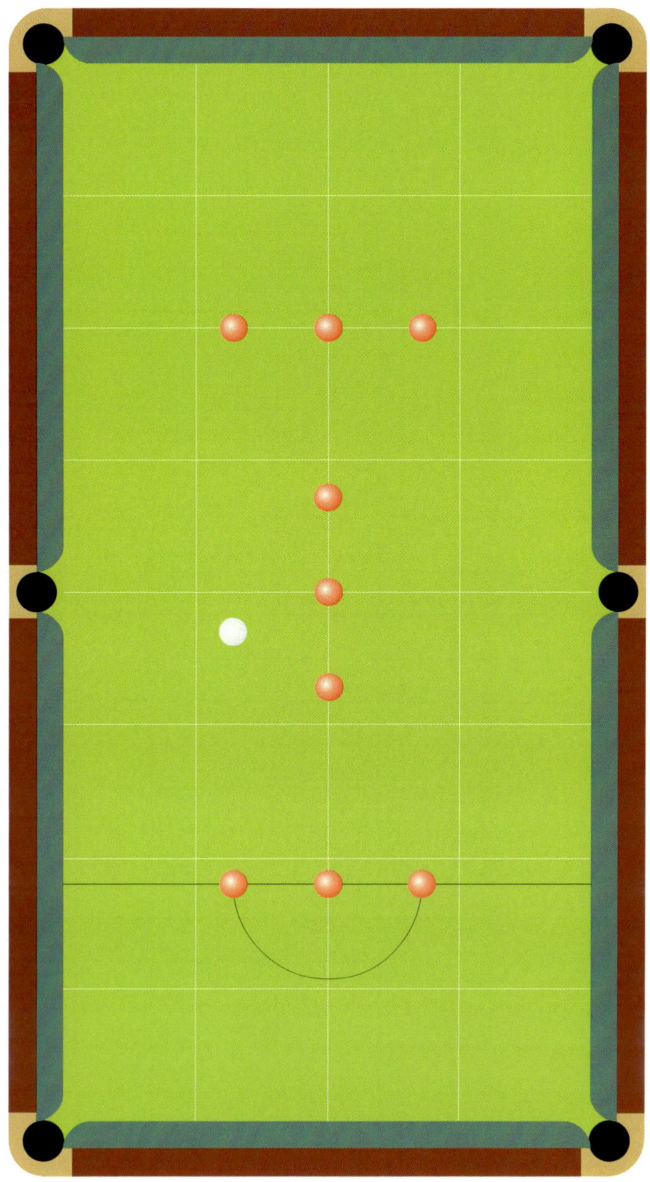

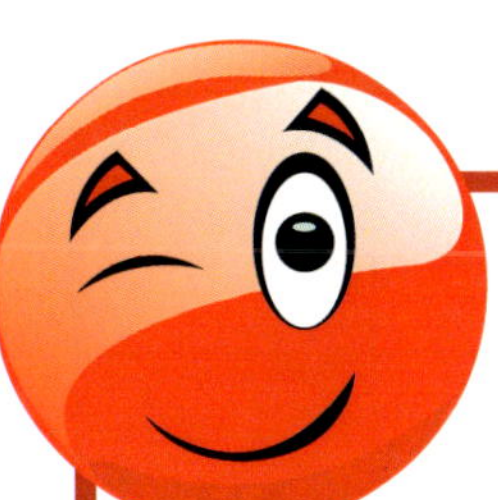

mein Tipp

Das Setup der Übung wirkt augenscheinlich leicht. Die Kunst ist das Positionsspiel in der Tischmitte. Diese Übung sollte durchaus ins Standardrepertoire Ihres Trainings aufgenommen werden. Eine optimale Übung um Laufwege dem aktuellen Wissen hinzuzufügen.

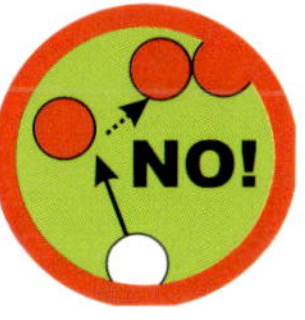

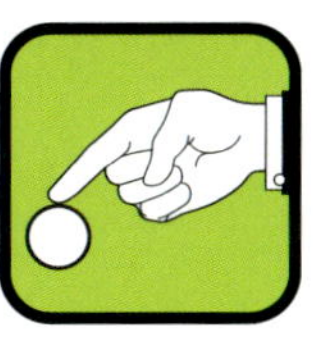

Counter	
je gelochter Roter 1 Punkt 10 Aufnahmen Tisch abräumen	
Aufnahmen	10
theor. Maximalwert	90
Stopwert	X
Sollwerte	
GOLD	75
SILBER	65
BRONZE	50

	Ergebnisse je Versuch										Punkte	
Datum	1	2	3	4	5	6	7	8	9	10	gesamt	Schnitt

Notizen , Bemerkungen

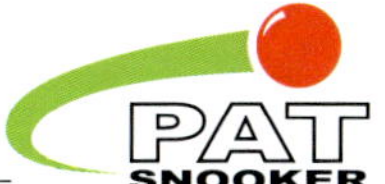

Ziele:

Das kontinuierliche gute Positionsspiel mit Schwarz ist der Schwerpunkt dieser Übung. Wer den „leichten" Weg des Breaks auf kleinstem Raum nicht beherrscht, wird sich seine Breaks zu hart „erarbeiten" müssen.

Aufbau:

Positionieren Sie Schwarz auf angestammten Spot. Legen Sie eine Rote mittig zwischen Schwarz und Pinkspot. Weiß ist zu Beginn Ball in Hand auf der Halbachse.

Aufgabe:

Lochen Sie in Serie Rot und Schwarz im Wechsel, beginnend mit Ball in Hand. Rot und Schwarz kommen jeweils unmittelbar nach dem Lochen zurück auf ihre Ausgangsposition. Es darf kein anderer als der direkt angespielte Ball berührt werden.

Wertung bei Leistungsdiagnostik:

Die Punktwertung erfolgt regelkonform. Spielen Sie 10 Aufnahmen und maximieren Sie Ihre Gesamtpunkzahl. Die Übung ist spätestens dann beendet, wenn Sie 240 Punkte erzielt haben.

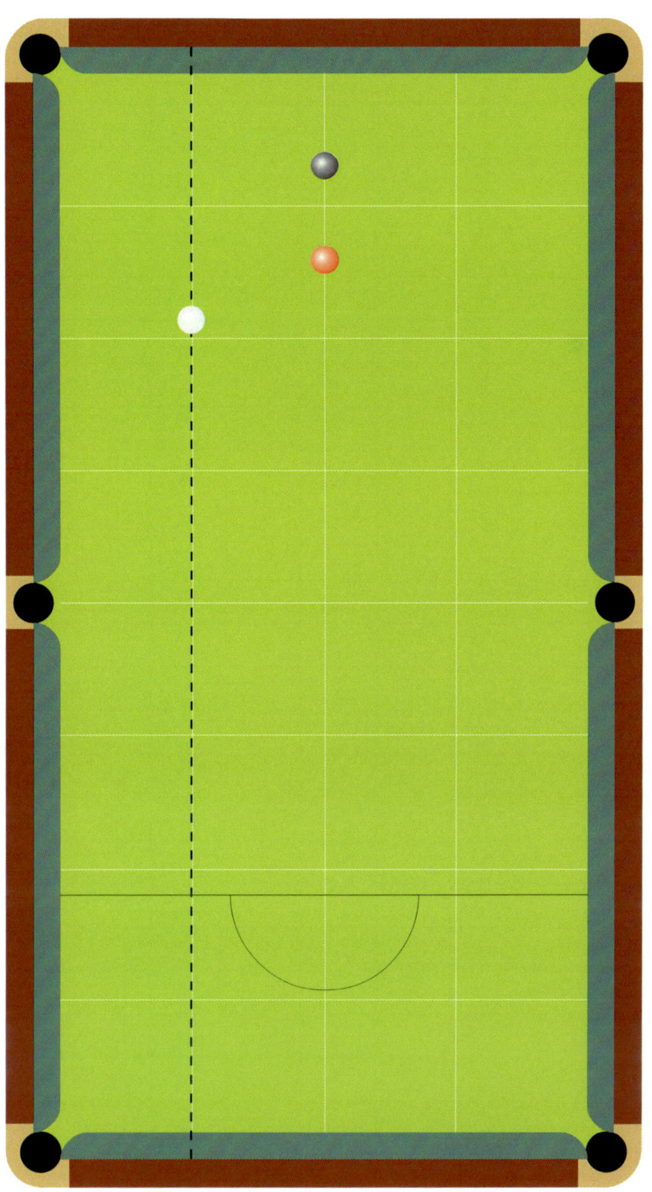

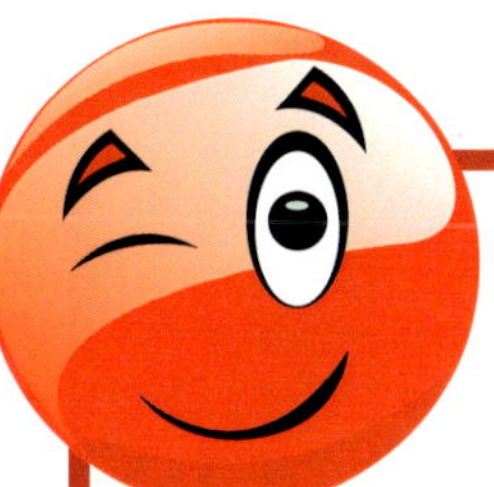

mein Tipp

Planen Sie das Positionsspiel in Regionen und analysieren Sie die Schwachstellen. Oft ist der technisch einfachste Weg auch die optimale Lösung. Schwarz endlos ist hierfür eine empfehlenswerte Vorbereitung. Hier wird das Konzentrationsniveau und die Kondition gesteigert.

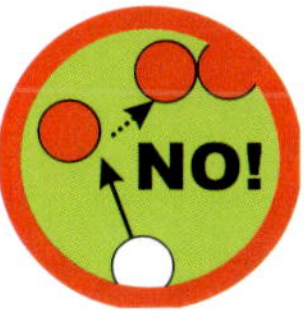

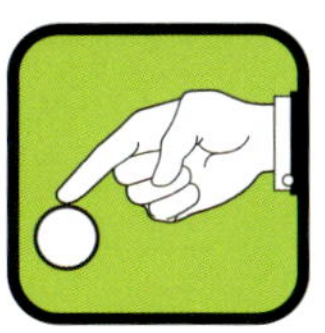

Counter	
Wertung regelform 10 Aufnahmen gelochte Bälle sofort neu aufsetzen	
Aufnahmen	10
theor. Maximalwert	endlos
Stopwert	240
Sollwerte	
GOLD	240
SILBER	176
BRONZE	120

	Ergebnisse je Versuch										Punkte	
Datum	1	2	3	4	5	6	7	8	9	10	gesamt	Schnitt

Notizen , Bemerkungen

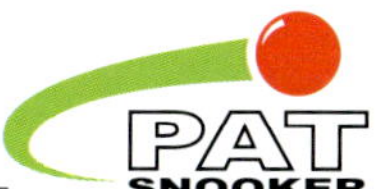

Ziele:

Gutes Safetyspiel ist mitunter frameentscheidend und sollte ebenso trainiert werden, wie das Lochspiel. In dieser Übung wird Tempogefühl ebenso trainiert wie die Kenntnis der Laufwege und das bewusste Einsetzen des Effets.

Aufbau:

Positionieren Sie zwei Rote press liegend über dem Pink-Spot. Die Farben als Punkteskala legen Sie an die Fußbande, wobei Schwarz in gerader Linie hinter dem Gelb-Spot liegt, die weiteren Farben in absteigender Wertigkeit jeweils daneben. Weiß wird vom Braun-Spot gespielt.

Aufgabe:

Spielen Sie die Roten links an und lassen Sie den Ball über drei Banden auf eine der Farben laufen.

Wertung bei Leistungsdiagnostik:

Wurde Weiß nach Treffen von Rot über drei Banden gespielt, so erhalten Sie die Punkte nach der Wertigkeit der getroffenen Farbe; wird die kurze Bande rechts von Gelb getroffen, erhalten Sie einen Punkt. Spielen Sie 10 Versuche und maximieren Sie Ihre Gesamtpunktzahl.

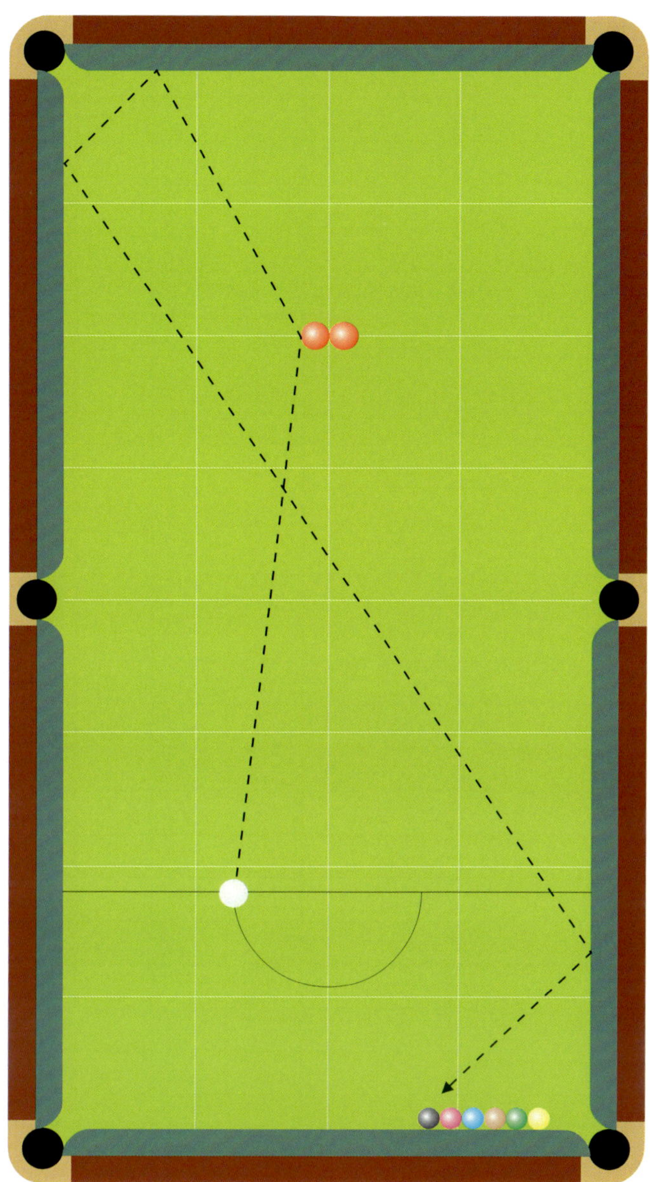

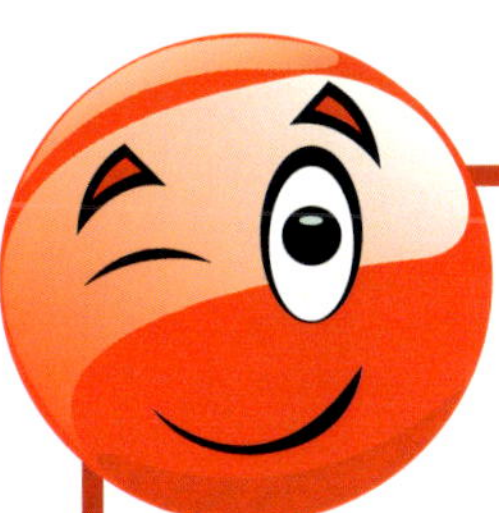

mein Tipp

Die Anforderungen „drei Banden“ und „Effet“ klingen schwerer, als sie sind. Der geübte Spieler führt diesen Stoß im Prinzip bei jedem Eröffnungsstoß zu Framebeginn. In dieser Kenntnis werden Sie die Übung locker angehen und können sich voll den Stoß konzentrieren.
Gute Spieler sollten „fremde“ Tische spielen.

Counter	
Wertung nach getroffener Farbe 10 Versuche Weiß über drei Banden	
Versuche	10
theor. Maximalwert	70
Stopwert	X
Sollwerte	
Gold	60
SILBER	50
BRONZE	30

	Ergebnisse je Versuch					Punkte	
Datum	1	2	3	4	5	gesamt	Schnitt

Notizen , Bemerkungen

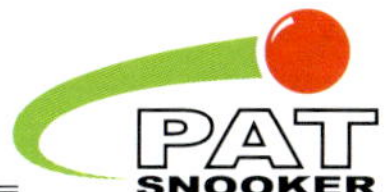

Ziele:

Mit dieser Übung wird das Breakbuilding geschult. Kurze Laufwege mit exaktem Positionsspiel sind wesentlicher Bestandteil, um diese Übung zu bestehen.

Aufbau:

Positionieren Sie alle Farben auf ihren angestammten Spots. Sieben Rote legen Sie wie folgt: Auf Höhe von Schwarz und Pink legen Sie je eine Rote links auf der Breite des Grün-Spots, je eine Rote rechts auf Breite von Gelb. Drei Rote legen Sie in der Breite von Grün, Mitte und Gelb unterhalb von Pink, wobei der Abstand von Pink dem Abstand Pink-Schwarz entsprechen muss. Weiß ist zu Beginn Ball in Hand.

Aufgabe:

Spielen Sie regelkonform ein Break, beginnend mit Ball in Hand. Wird ein Ball verschossen, so bauen Sie erneut auf und beginnen wieder mit Ball in Hand. Maximieren Sie die Punktzahl.

Wertung bei der Leistungsdiagnostik:

Die Punktwertung erfolgt regelkonform. Spielen Sie fünf Versuche und maximieren Sie die Gesamtpunktzahl.

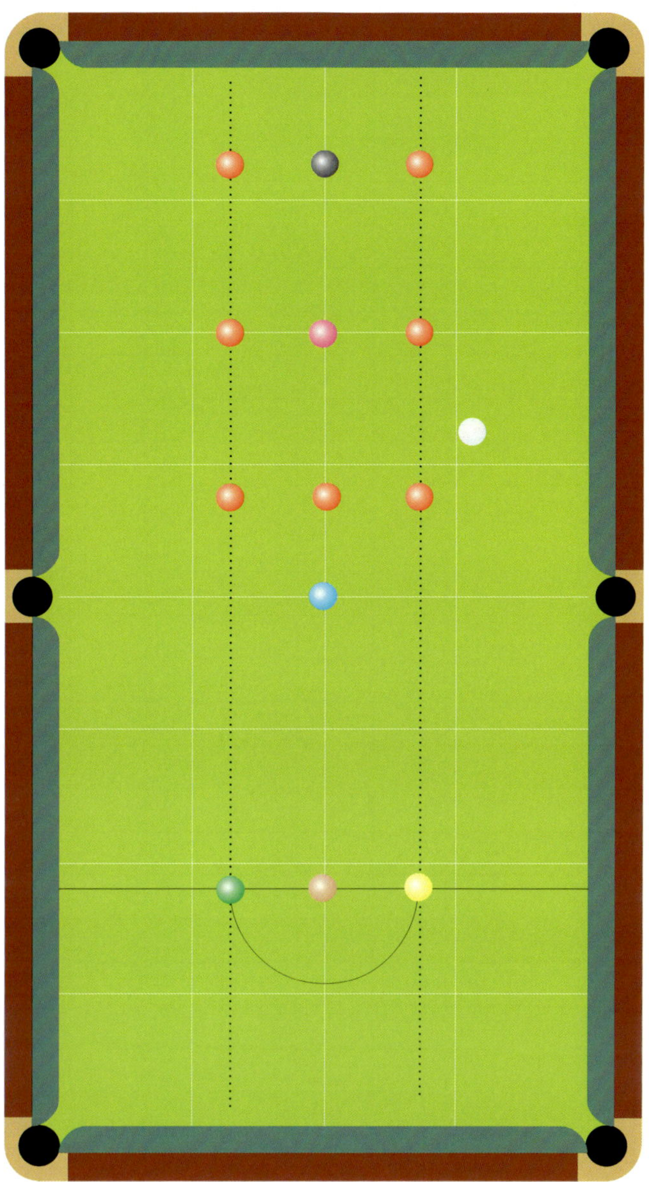

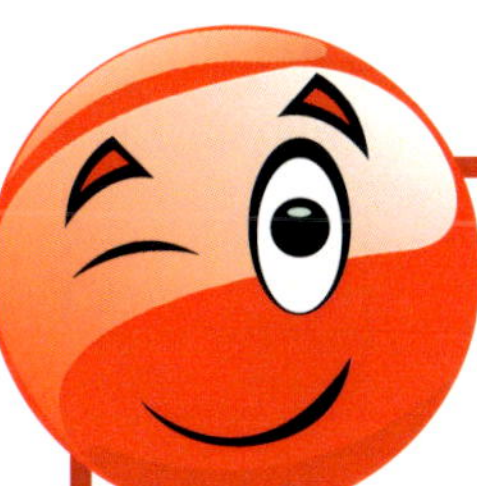

mein Tipp

Planen Sie Ihr Break. Achten Sie besonders auf Ihre Stoßauswahl. In dieser Übung kann es schnell geschehen, dass Sie zwar einen Ball on lochen können, danach aber nur schwer und mit langen Wegen eine Position auf den nächsten Ball finden. Aber auch improvisieren ist unerlässlich und eine herausragende Eigenschaft der Topspieler

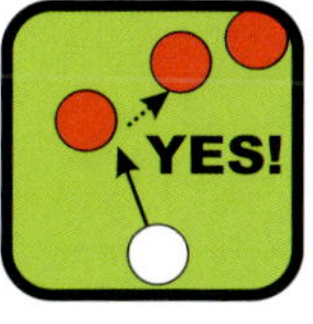

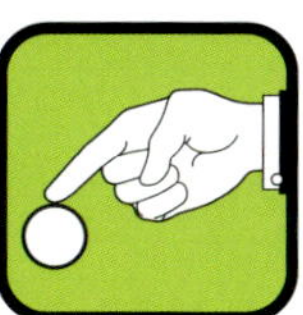

Counter	
Punktewertung regelkonform 5 Aufnahmen	
Aufnahmen	5
theor. Maximalwert	415
Stopwert	250
Sollwerte	
GOLD	250
SILBER	200
BRONZE	125

	Ergebnisse je Versuch										Punkte	
Datum	1	2	3	4	5	6	7	8	9	10	gesamt	Schnitt

Notizen , Bemerkungen

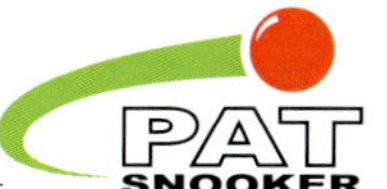

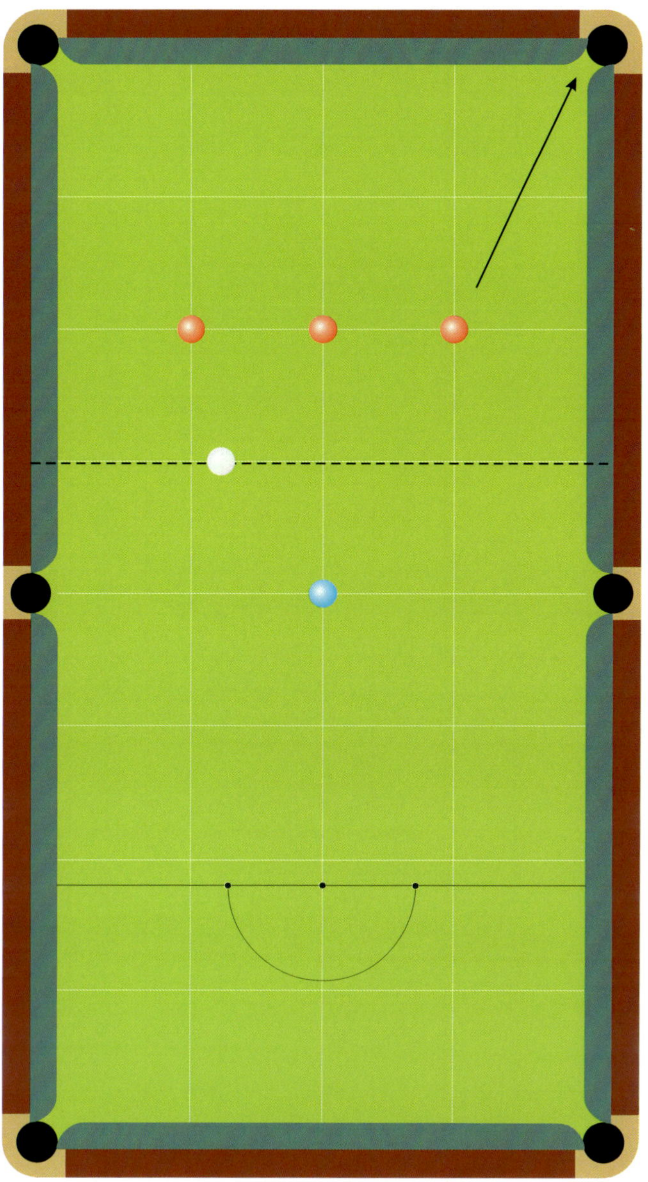

Ziele:

Mit dieser Übung soll der Breakaufbau mit Blau geschult werden. Häufig kommt es im Frameverlauf dazu, dass Schwarz und Pink nicht lochbar sind, weil die Wege zur Tasche blockiert sind; möglicherweise wären Pink oder Schwarz spielbar, die Fortsetzung des Breaks danach jedoch kaum möglich. In diesen Fällen kann frameentscheidend sein, auch den Breakaufbau mit Blau zu beherrschen.

Aufbau:

Positionieren Sie Blau auf angestammten Spot. Legen Sie eine Rote auf den Pink- Spot und je eine auf Höhe Pink mittig zwischen Pink-Spot und Bande.

Aufgabe:

Spielen Sie regelkonform ein Break, beginnend mit Ball in Hand von der gestrichelten Linie. Alle Taschen dürfen genutzt werden, jedoch muss die erste Rote in eine Ecktasche gespielt werden. Es darf nur der direkt anspielte Ball berührt werden.

Wertung bei der Leistungsdiagnostik:

Die Punktwertung erfolgt regelkonform. Wird ein Ball verschossen, so bauen Sie erneut auf und starten mit Ball in Hand. Spielen Sie 10 Versuche und optimieren Sie Ihre Gesamtpunktzahl.

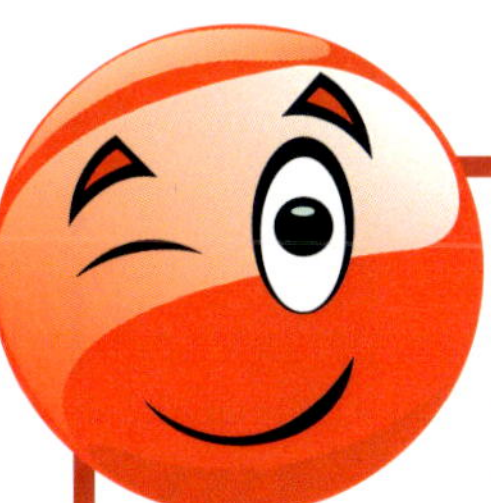

mein Tipp

Es gibt eine Vielzahl von Varianten, wie Sie Ihr „Break“ aufbauen. Im Training sollten Sie daher auch verschiedene Varianten spielen. Es wird hierbei nicht bei jedem Ball optimal laufen. Mentale Stärke und Willen sind gefragt. Reagieren Sie „intelligent“ auf neue Situationen und erkennen Sie neue Laufwege.

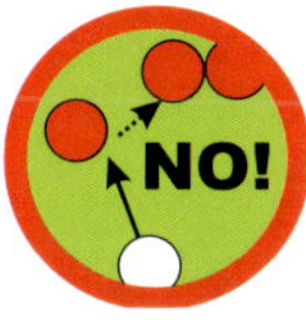

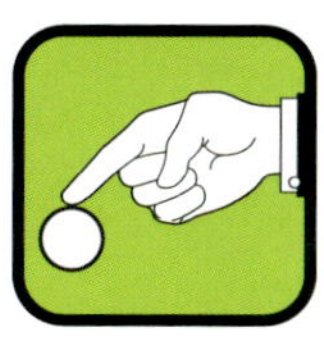

Counter	
Wertung regelkonform 10 Versuche Tisch abräumen Rot in Ecke, Blau in Mitte	
Versuche	10
theor. Maximalwert	180
Stopwert	X
Sollwerte	
GOLD	144
SILBER	120
BRONZE	78

	Ergebnisse je Versuch										Punkte	
Datum	1	2	3	4	5	6	7	8	9	10	gesamt	Schnitt

Notizen , Bemerkungen

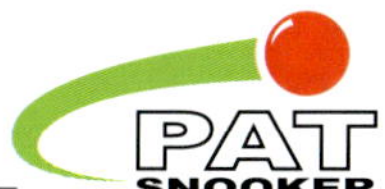

Ziele:

Diese Übung schult den sehr realitätsnahen Breakaufbau mit den hohen Farben und fordert exaktes Positionsspiel. Gerade bei noch geschlossenem Pack zu Framebeginn ist die Auswahl freier Roter gering. Diese sollten i.d.R. zunächst „mitgenommen“ werden, ehe der risikobehaftete Split angegangen wird.

Aufbau:

Positionieren Sie Pink und Schwarz auf ihre angestammten Spots. Legen Sie vier Rote im Würfel zwischen Pink und Schwarz. Legen Sie als Maß ein mittig gefaltetes A4-Blatt an Schwarz. 2 Rote legen Sie an die unteren Ecken, zwei an die Knickfalte. Weiß ist zu Beginn Ball in Hand.

Aufgabe:

Lochen Sie regelkonform Rot und Farbe im Wechsel, beginnend mit Ball. Spielen Sie 10 Aufnahmen und maximieren Sie Ihre Gesamtpunktzahl.

Wertung bei der Leistungsdiagnostik:

Die Punktwertung erfolgt regelkonform. Maximal erreichbar sind je Aufnahme 32 Punkte (4 x Rot-Schwarz). Die Übung wird beendet, wenn 250 Punkte erreicht sind.

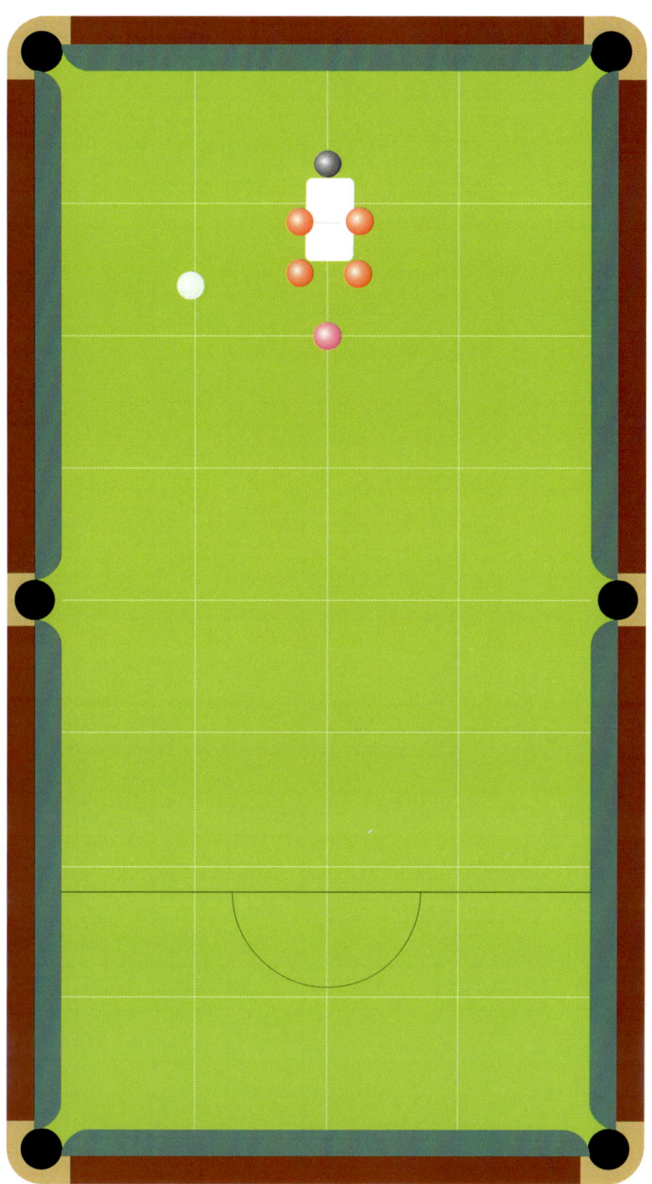

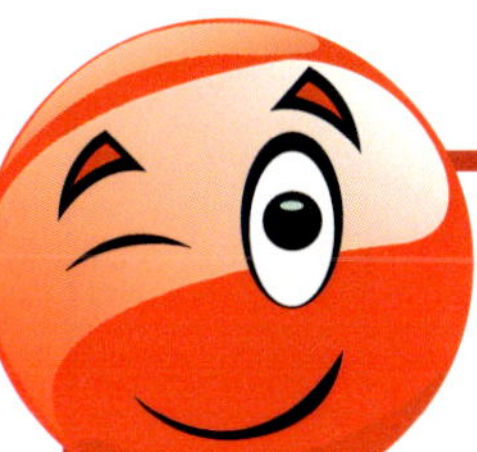

mein Tipp

Diese Übung eignet sich bestens zum Training eines Breakbuildings um die großen Farben. Sie sollte regelmäßig absolviert werden. Wichtig für den Trainingserfolg ist, das vor dem ersten Stoß geplante Break wiederholt zu trainieren. Wechseln Sie nicht sofort nach einem Fehlschuss zu einem anderen Lösungsweg. Nur so lernen Sie aus Fehlern und machen Erfolg reproduzierbar. Es gibt unendlich viele Möglichkeiten.

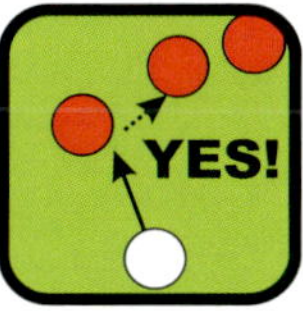

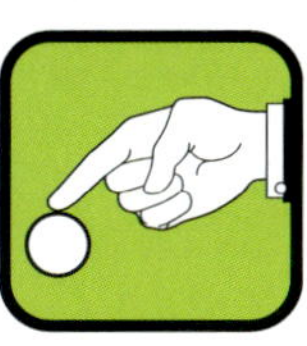

Counter	
Wertung regelkonform 10 Aufnahmen	
Aufnahmen	10
theor. Maximalwert	320
Stopwert	250
Sollwerte	
GOLD	250
SILBER	200
BRONZE	125

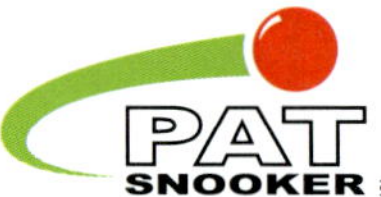

	Ergebnisse je Versuch										Punkte	
Datum	1	2	3	4	5	6	7	8	9	10	gesamt	Schnitt

Notizen , Bemerkungen

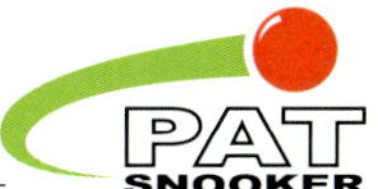

Ziele:

Immer mal wieder ergibt sich eine Spielsituation, in der an der Bande liegende Bälle früher oder später gelöst werden müssen; sei es, dass keine weiteren spielbaren Roten auf dem Tisch sind, oder aber beim Endspiel auf die Farben kein alternativer Objektball vorhanden ist. Das Lösen eines Balles wird mit dieser Übung trainiert.

Aufbau:

Positionieren Sie Pink auf angestammten Spot. Zwei Rote legen Sie auf der Baulkline press an die Bande. Weiß ist Ball in Hand, muss jedoch auf gedachter Linie mittig zwischen Pink und Bande liegen.

Aufgabe:

Lochen Sie Pink in die Ecktasche und treffen Sie mit Weiß die Rote(n).

Wertung bei der Leistungsdiagnostik:

Für das Lochen von Pink und Treffen von Rot mit Weiß erhalten Sie einen Punkt. Spielen Sie 10 Versuche und optimieren Sie die Erfolgsquote.

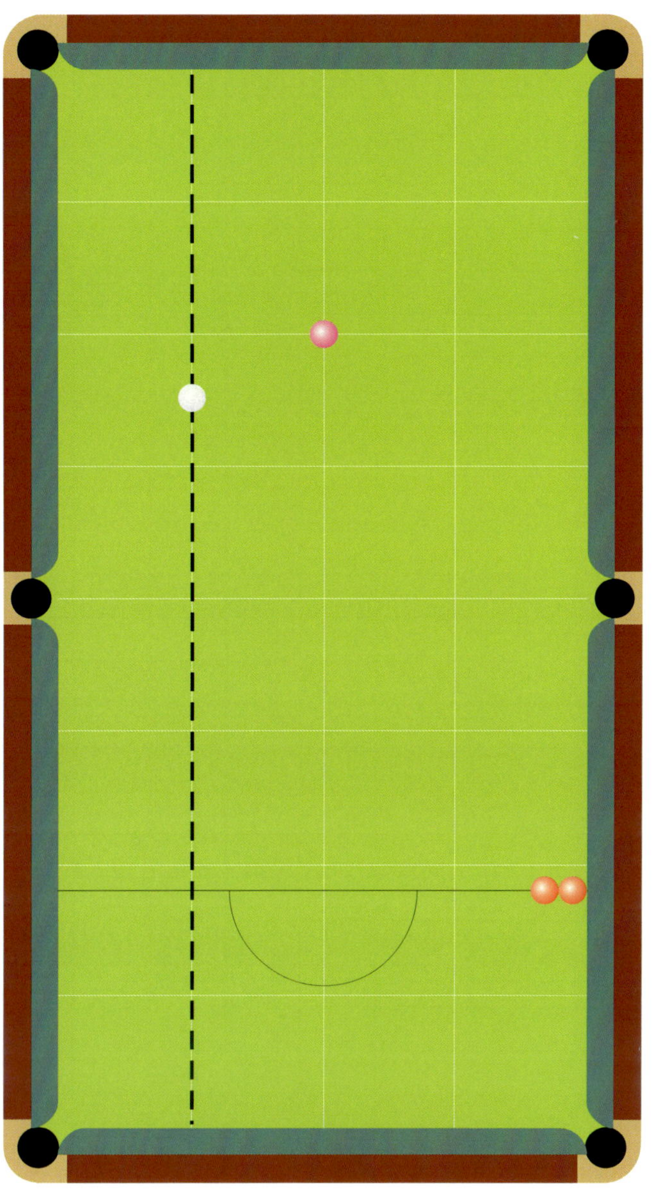

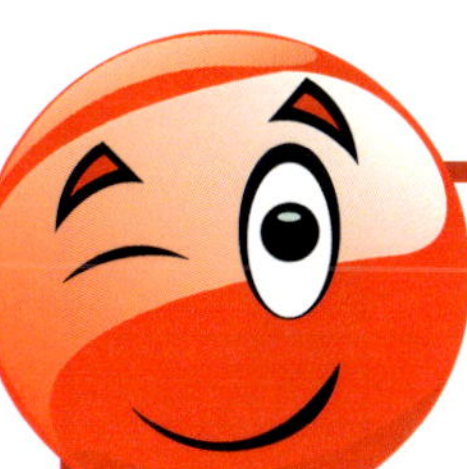

mein Tipp

Diese Übung dient vornehmlich dem wissen um Haftung (Grip) des Spielballs. Die Perfektion liegt an der Mischung aus Stoßenergie und Treffhöhe des Spielballs. Von zu harten Stößen ist abzuraten. Auf „fremden" Tischen eine tolle Herausforderung. Betrachten Sie nicht nur das Ergebnis (Erfolg/Misserfolg), sondern analysieren Sie das physikalische Verhalten des Spielballs.

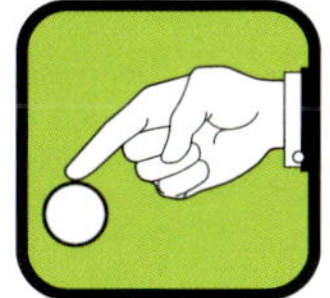

Counter	
Pink fällt + Rot getroffen = 1 Punkt 10 Versuche Punktzahl maximieren	
Aufnahmen	10
theor. Maximalwert	10
Stopwert	X
Sollwerte	
GOLD	7
SILBER	5
BRONZE	3

	Ergebnisse je Versuch										Punkte	
Datum	1	2	3	4	5	6	7	8	9	10	gesamt	Schnitt

Notizen , Bemerkungen

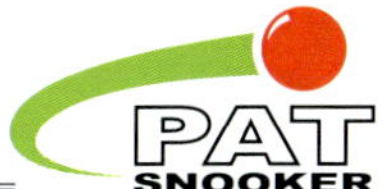

Ziele:

Ziel dieser Übung ist das Positionsspiel über lange Wege. Während das Lochen aufgrund des Setups vermeintlich leicht sein sollte, gilt es hier, über lange Wege Positionen zu spielen.

Aufbau:

Positionieren Sie Gelb und Grün auf Ihren Spots. Zwei Rote legen Sie mit gleichmäßigem Abstand zwischen (gedachter) Schwarz und (gedachter) Pink.

Aufgabe:

Räumen Sie den Tisch in folgender Reihenfolge ab: Gelb, Rot, Grün, Rot, wobei sowohl Rot als auch die Farben nach dem Lochen von Tisch bleiben. Beginnen Sie mit Ball in Hand; Gelb muss zu Beginn in die Ecktasche.

Wertung bei der Leistungsdiagnostik:

Für das vollständige Abräumen im Wechsel Gelb-Rot-Grün-Rot erhalten Sie einen Punkt. Spielen Sie 10 Versuche und optimieren Sie die Erfolgsquote.

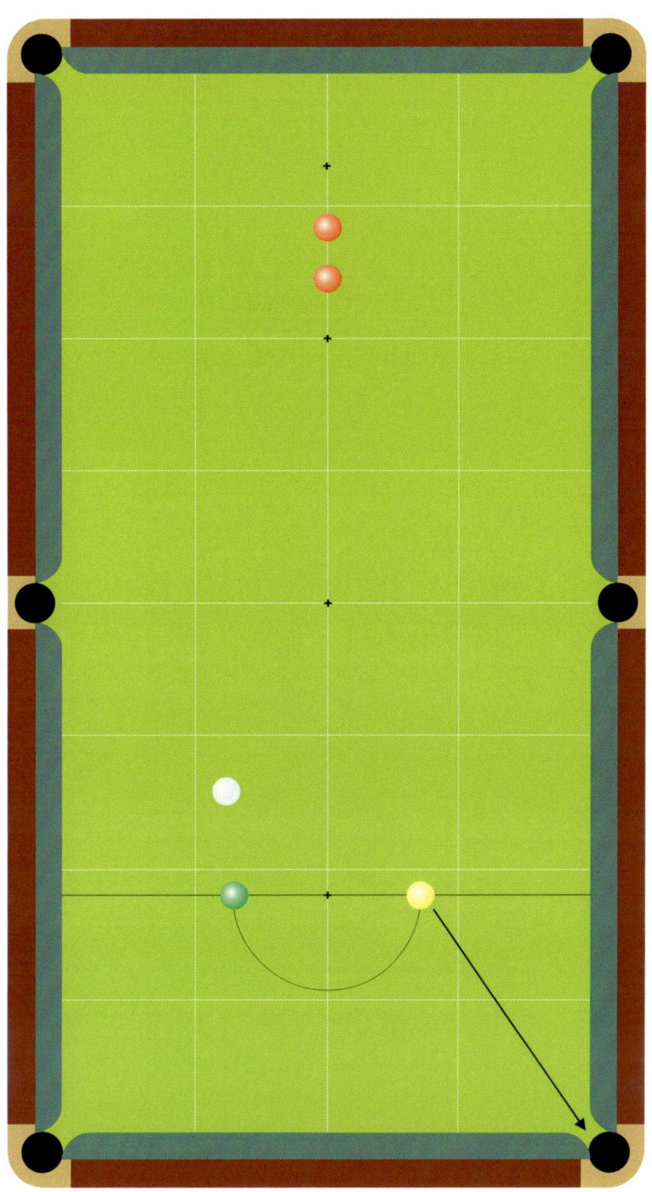

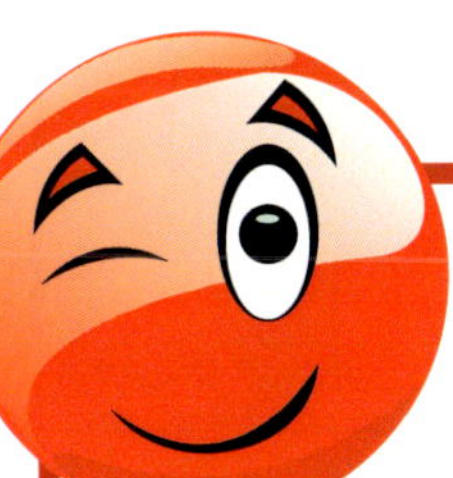

mein Tipp

In dieser Übung ist die Beurteilung des „intelligenten“ Laufwegs das Wichtige. Tempo und Genauigkeit können vorab trainiert werden, in dem die Positionen von Gelb bzw. Grün zunächst einzeln trainiert werden.
Der Weg von den kleinen Farben zu den Roten ist eine MUSS-Fähigkeit der Topspieler

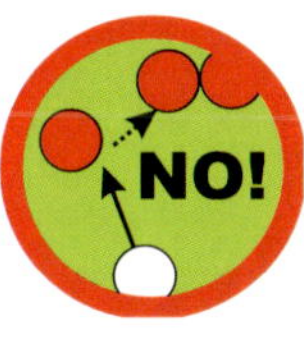

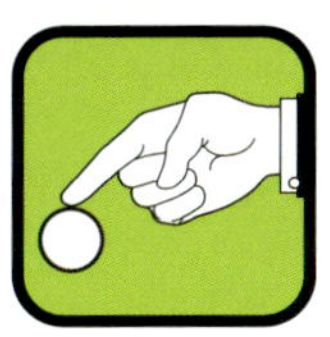

Counter	
Tisch abgeräumt = 1 Punkt 10 Aufnahmen	
Aufnahmen	10
theor. Maximalwert	10
Stopwert	X
Sollwerte	
GOLD	7
SILBER	5
BRONZE	3

	Ergebnisse je Versuch										Punkte	
Datum	1	2	3	4	5	6	7	8	9	10	gesamt	Schnitt

Notizen , Bemerkungen

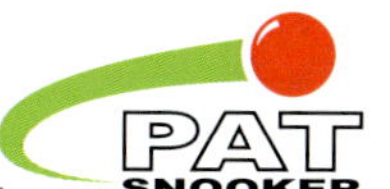

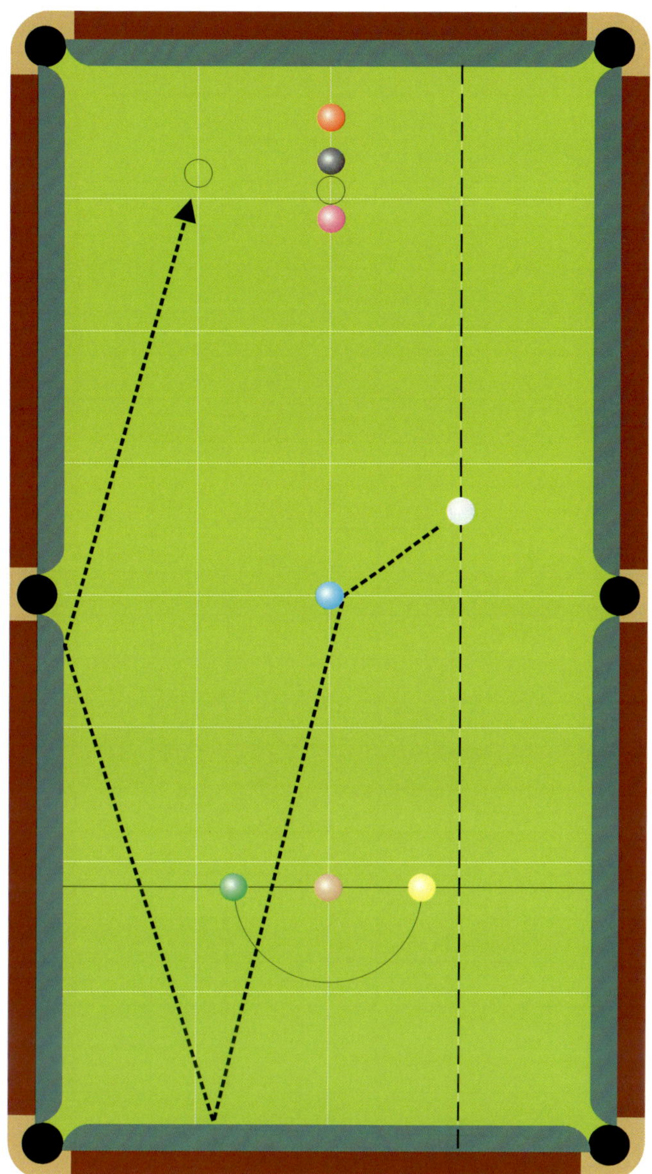

Ziele:

Ist gegen Frameende nur noch eine Rote auf dem Tisch, so ist das Ziel klar: Farbe lochen und auf Rot stellen. Alternativen gibt es nur beim Weg zum Ziel. In dieser Übung soll diese Situation in extrem geübt werden.

Aufbau:

Positionieren Sie alle Farben auf Ihren angestammten Spots. Eine Rote legen Sie mit einer Ballbreite Abstand hinter Schwarz. Weiß legen Sie mittig zwischen Mitte und Längsbande, wie weit versetzt, entscheiden Sie. Pink ist eine Ballbreite von Schwarz aufzubauen.

Aufgabe:

Lochen Sie Blau in die Mitteltasche und setzen Sie regelkonform fort. (Pfeile stellen einen beispielhaften Weg dar.) Es darf sich nur der angespielte Ball bewegen.

Wertung bei der Leistungsdiagnostik:

Die Punktwertung erfolgt regelkonform. Je Aufnahme sind maximal 40 Punkte möglich (Blau -> Rot -> Schwarz -> Clearance).

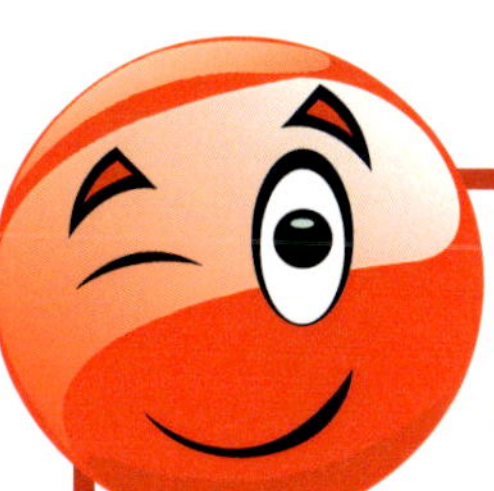

mein Tipp

Hier wird das anspruchsvolle Stellungsspiel gefordert. Tempo, Richtung, Laufweg und der unbändige Wille die Position auf die letzten Roten zu bekommen ist Schwerpunkt der Übung. Eine Übung auf stoßtechnisch höchstem Niveau.

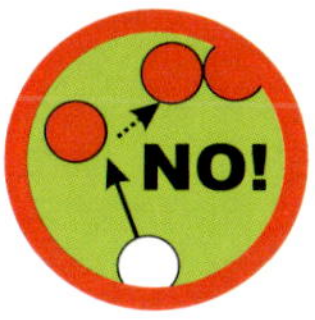

Counter	
Punktewertung regelkonform 10 Aufnahmen mit Blau auf Mitte beginnend, Quote optimiere	
Aufnahmen	10
theor. Maximalwert	400
Stopwert	X
Sollwerte	
GOLD	300
SILBER	200
BRONZE	75

	Ergebnisse je Versuch					Punkte	
Datum	1	2	3	4	5	gesamt	Schnitt

Notizen , Bemerkungen

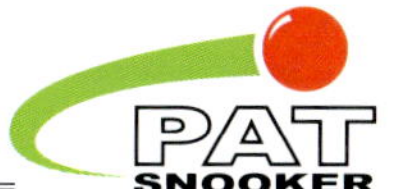

Ziele:

Diese Übung verbindet prinzipiell alle Elemente des Snooker. Line Up bietet eine standardisierte Übung, mit der Sie das Lochen aus verschiedensten Winkeln in mehrere Taschen ebenso trainieren, wie exaktes Positionsspiel und Verständnis der Laufwege.

Aufbau:

Positionieren Sie alle Farben auf ihrem jeweiligen Spot. Die Roten legen Sie wie folgt: in gleichen Abständen zwei unter Blau, acht zwischen Blau und Pink und fünf zwischen Pink und Schwarz

Aufgabe:

Spielen Sie regelkonform ein Break und versuchen Sie eine Clearance. Es darf nur der gespielte Ball von Weiß berührt werden. Beginnen Sie mit Ball in Hand.

Wertung bei der Leistungsdiagnostik:

Die Wertung erfolgt regelkonform. Spielen Sie fünf Aufnahmen und maximieren Sie Ihre Gesamtpunktzahl. Die Übung gilt als beendet wenn 300 Punkte erreicht sind.

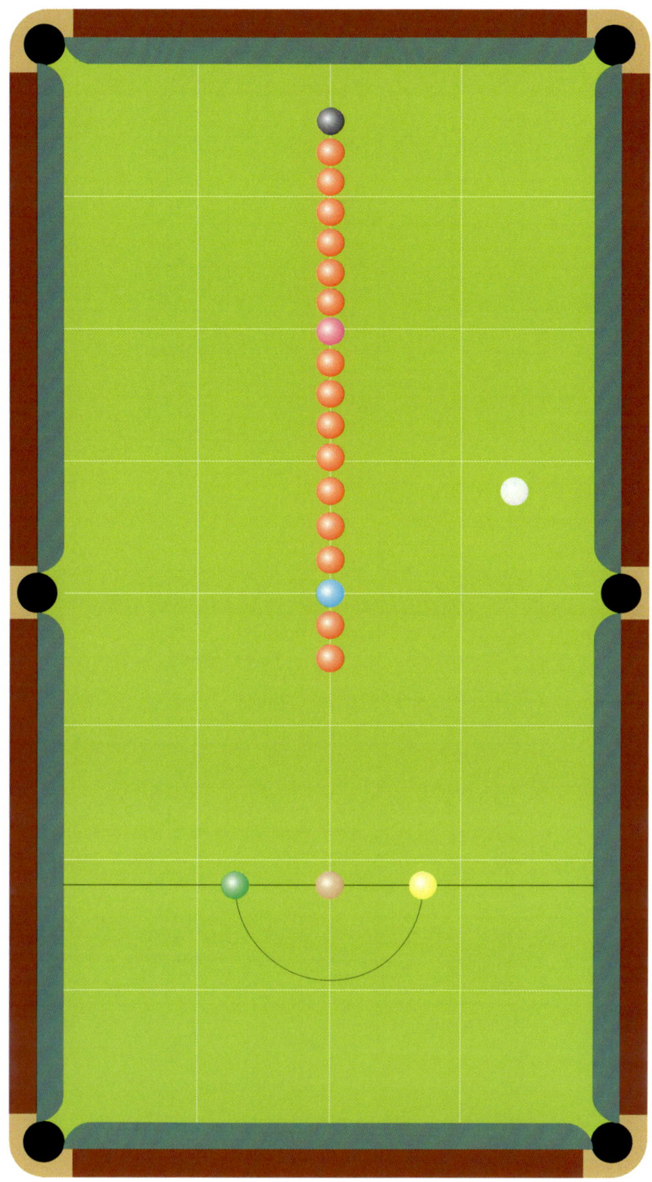

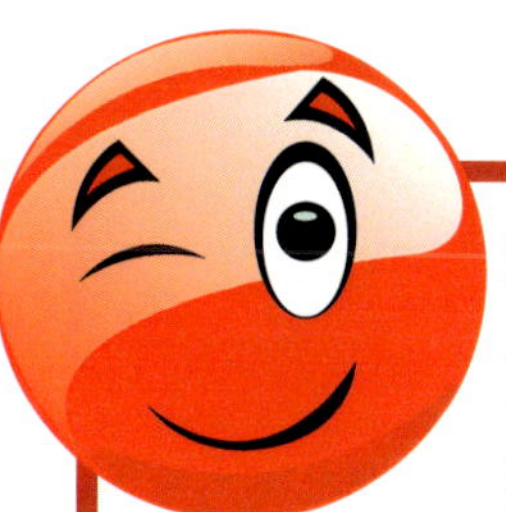

mein Tipp

Ziel dieser Übung muss es nicht sein, ein Maximum zu erzielen. Spielen Sie lieber den Ball, den Sie sich am ehesten zutrauen. Die Abwägung von Chance und Risiko ist eine der wesentlichen taktischen Entscheidungen. Wichtig ist, im Break zu bleiben.
Line Up Pro dient der Verbesserung von Kondition und Konzentration

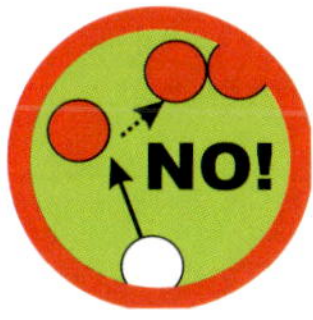

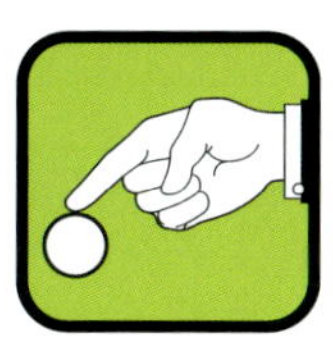

Counter	
Wertung regelkonform 5 Aufnahmen Tisch abräumen	
Aufnahmen	5
theor. Maximalwert	735
Stopwert	300
Sollwerte	
GOLD	180
SILBER	120
BRONZE	60

	Ergebnisse je Versuch										Punkte	
Datum	1	2	3	4	5	6	7	8	9	10	gesamt	Schnitt

Notizen , Bemerkungen

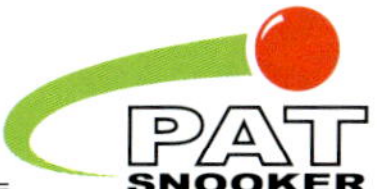

Ziele:

Mit dieser Übung wird das Positionsspiel um Schwarz sowie die Sicherheit im Lochspiel trainiert. Das Setup der Übung ist so gestaltet, dass immer nur zwei Rote lochbar sind. Daher ist exaktes Stellen von Schwarz auf Rot erforderlich. Fehler im Positionsspiel lassen sich kaum reparieren.

Aufbau:

Positionieren Sie Schwarz auf angestammten Spot. Legen Sie sechs Rote unterhalb von Schwarz so versetzt in Reihe, dass jeweils nur die obere und untere Rote lochbar sind.

Aufgabe:

Spielen Sie regelkonform ein Break und beginnen Sie mit Ball in Hand auf die obere Rote (1). Wird ein Ball verschossen, so beginnen Sie von vorn. Steigern Sie sukzessiv Ihr „Highbreak". Es darf nur der angespielte Objektball bewegt werden.

Wertung bei der Leistungsdiagnostik:

Die Punktwertung erfolgt regelkonform. Maximal möglich sind also pro Aufnahme 48 Punkte. Spielen Sie 10 Aufnahmen und steigern Sie Ihre Gesamtpunkzahl. Die Übung endet spätestens, wenn 320 Punkte erreicht sind.

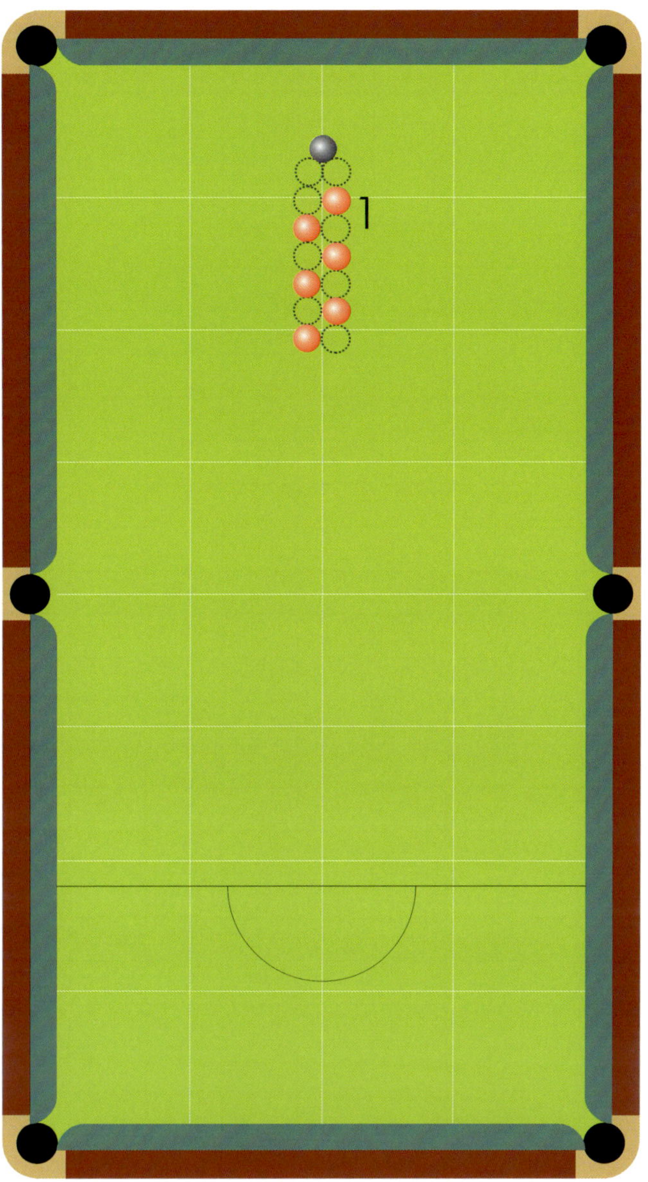

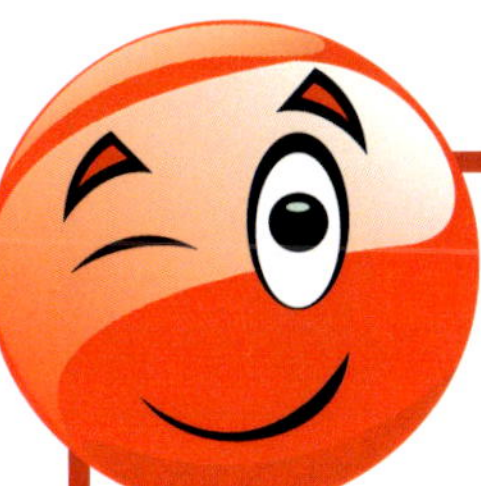

mein Tipp

Durch die eingeschränkte Spielbarkeit der Roten simuliert diese Übung eine häufige Matchsituation. Wenn Sie die Sollwerte regelmäßig erreichen, so experimentieren Sie mit den Laufwegen und Wirkungen. So gewinnen Sie Sicherheit für Situationen im Match, in denen Sie etwa eine nicht optimale Position reparieren müssen. Die Planung und Ballkontrolle werden hier auf den „Millimeter" abgefragt.

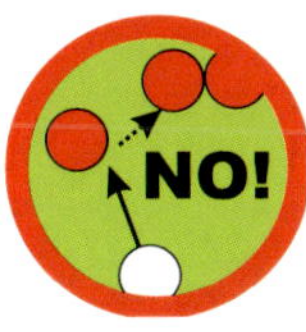

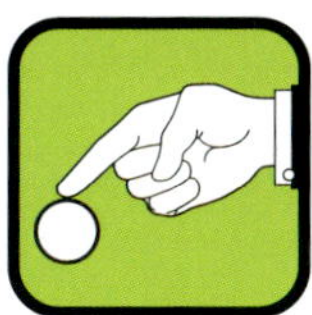

Counter	
Wertung regelkonform 10 Aufnahmen Punktzahl maximieren	
Aufnahmen	10
theor. Maximalwert	480
Stopwert	320
Sollwerte	
GOLD	208
SILBER	176
BRONZE	144

	Ergebnisse je Versuch										Punkte	
Datum	1	2	3	4	5	6	7	8	9	10	gesamt	Schnitt

Notizen , Bemerkungen

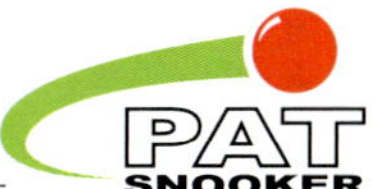

Ziele:

Mit dieser Übung werden Longpots als „shot to nothing" trainiert. Je nach Spielstärke des Gegners kann es erforderlich sein, auch längere Bälle zum Einstieg zu nutzen. Da lange Bälle ein erhöhtes Risiko mit sich bringen, ist oft ratsam, diese mit Sicherheit im Hinterkopf als „shot to nothing" zu spielen.

Aufbau:

Positionieren Sie eine Rote auf dem Pink-Spot. Zwei weitere legen Sie auf gleicher Höhe jeweils mittig zwischen Pink-Spot und Längsbande. Weiß wird aus dem D gespielt.

Aufgabe:

Lochen Sie aus dem D heraus die linke Rote und lassen Sie Weiß zurück in den Baulkbereich laufen. Legen Sie Rot zurück auf den Ausgangspunkt, lochen Sie die mittlere Rote aus dem D und lassen erneut Weiß in die Baulkarea laufen. Spielen Sie ebenso die Rechte und beginnen den zweiten Durchgang wieder links. Spielen Sie 10 Versuche auf jeden Ball, wobei Sie nach jedem Stoß zur nächsten Roten wechseln.

Wertung bei der Leistungsdiagnostik:

Je gelochter Roter erhalten Sie einen Punkt. Läuft Weiß nach dem Lochen zurück hinter die Baulkline, so erhalten Sie einen Zusatzpunkt.

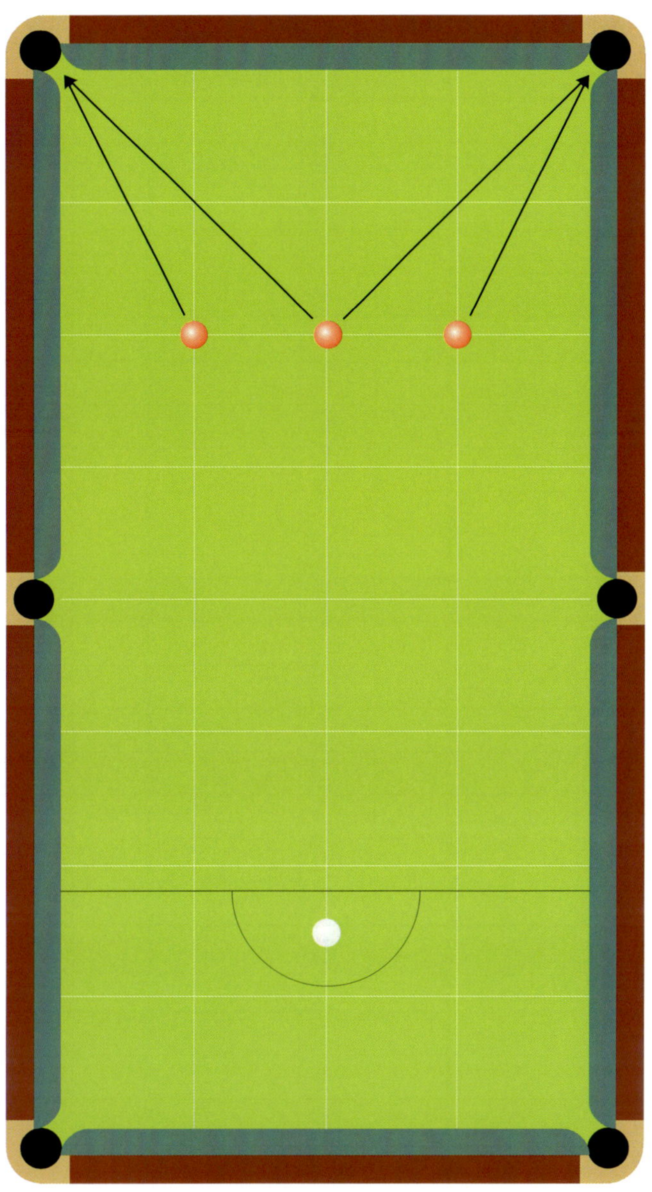

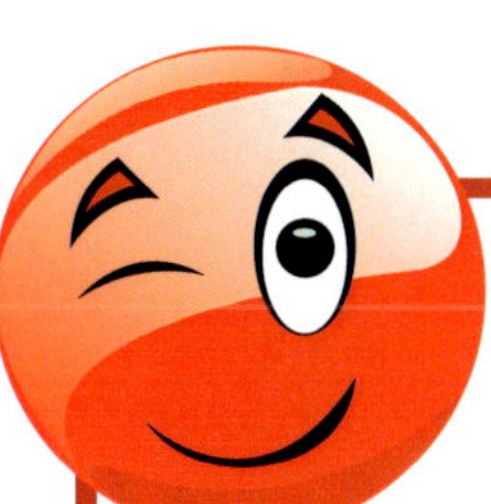

mein Tipp

Die ersten Male wird diese Übung „schmerzhaft" sein. Versprochen. Lassen Sie sich nicht entmutigen und trainieren Sie diese regelmäßig. Sukzessiv werden Sie sich steigern, und irgendwann werden Sie Einsteiger als shot to nothing spielen, über die Sie selbst staunen werden. Die Roten werden sofort wieder aufgestellt um den Rückweg für den Spielball zu erschweren.

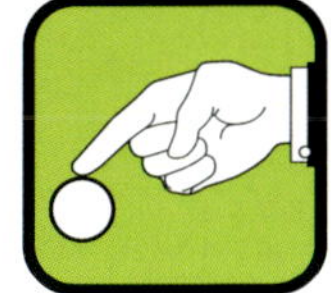

Counter	
Rot fällt = 1 Punkt Weiß in Baulk = 1 Zusatzpunkt 10 Versuche je Ball im Wechsel Punktzahl maximieren	
Versuche	10 x 3
theor. Maximalwert	60
Stopwert	X
Sollwerte	
GOLD	40
SILBER	25
BRONZE	10

	Ergebnisse je Versuch							Punkte	
Datum	1	2	3	4	5	6	7	gesamt	Schnitt

Notizen, Bemerkungen

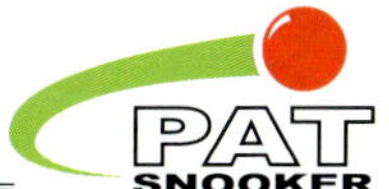

Ziele:

Das Lochen der Farben vom Spot ist eine der wenigen echten Standardsituationen beim Snooker. Von besonderer Bedeutung auf dem Weg zu hohen Breaks ist das sichere Lochen von Schwarz mit anschließend entsprechender Ablage von Weiß. In dieser Übung wird das Lochen von Schwarz in Serie geübt, wobei der Ablage von Weiß ebenso hohe Bedeutung zu kommt, um fortsetzen zu können.

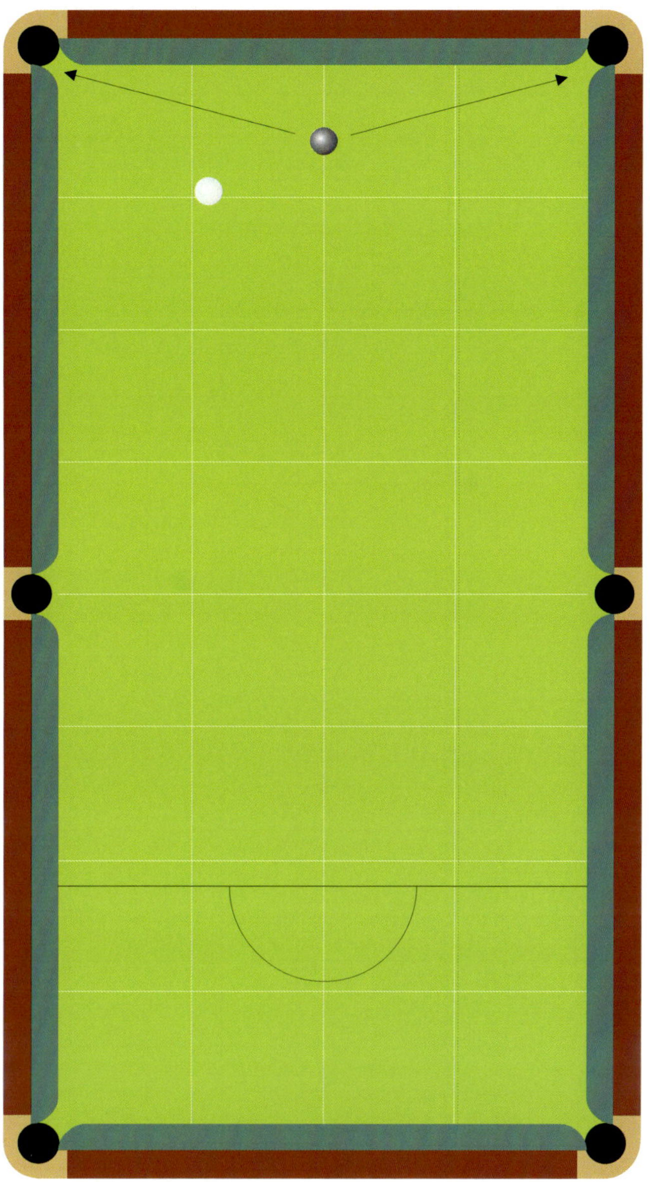

Aufbau:

Positionieren Sie Schwarz auf angestammten Spot. Weiß ist zu Beginn Ball in Hand.

Aufgabe:

Spielen Sie Schwarz in Serie, beginnend mit Ball in Hand. Lochen Sie 100 mal Schwarz in der geringstmöglichen Anzahl von Aufnahmen, maximal jedoch 7. Wird ein Ball verschossen, so beginnen Sie die nächste Aufnahme erneut mit Ball in Hand.

Wertung bei der Leistungsdiagnostik:

Für jede gelochte Schwarze erhalten Sie einen Punkt. Erreichen Sie 100 Punkte in der geringstmöglichen Anzahl von Aufnahmen.

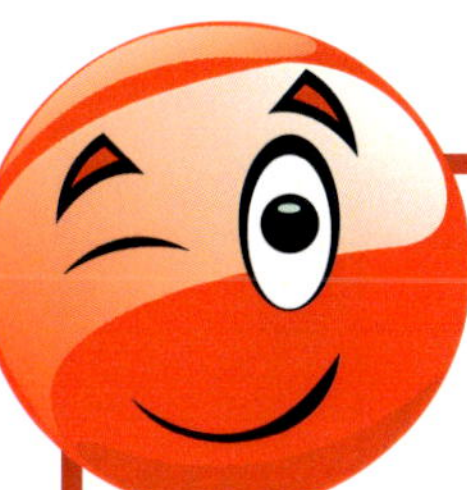

mein Tipp

Das sichere Lochen der Schwarzen vom Spot ist eine der Schlüssel-aufgaben im erfolgreichen Snooker; dies nicht nur auf dem Weg zum persönlichen Highbreak. Gerade aufgrund der üblichen Nähe zu den Roten bedeutet eine verschossene Schwarze nicht nur ausgelassene Punkte, sondern darüber hinaus oft den Einstieg für den Gegner.
Diese Übung ist ein Muss in jeder Trainingseinheit.

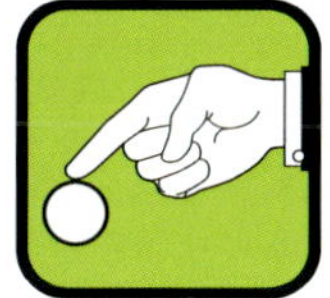

Counter	
je gelochtem Ball = 1 Punkt max. 7 Aufnahmen Zahl der Aufnahmen minimieren	
Aufnahmen	7
theor. Maximalwert	endlos
Stopwert	100
Sollwerte	
GOLD	3 Aufnahmen
SILBER	5 Aufnahmen
BRONZE	7 Aufnahmen

	Ergebnisse je Versuch										Punkte	
Datum	1	2	3	4	5	6	7	8	9	10	gesamt	Schnitt

Notizen , Bemerkungen

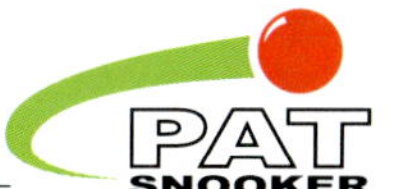

Ziele:

Nicht selten – gerade zu Beginn des Frames – sind Schwarz und Pink nicht spielbar, da die Wege zur Tasche versperrt sind. Wohl dem, der hier das Break über Blau beherrscht. In dieser Übung wird neben der Lochsicherheit insbesondere das Tempogefühl für die Stellung auf Blau geschult.

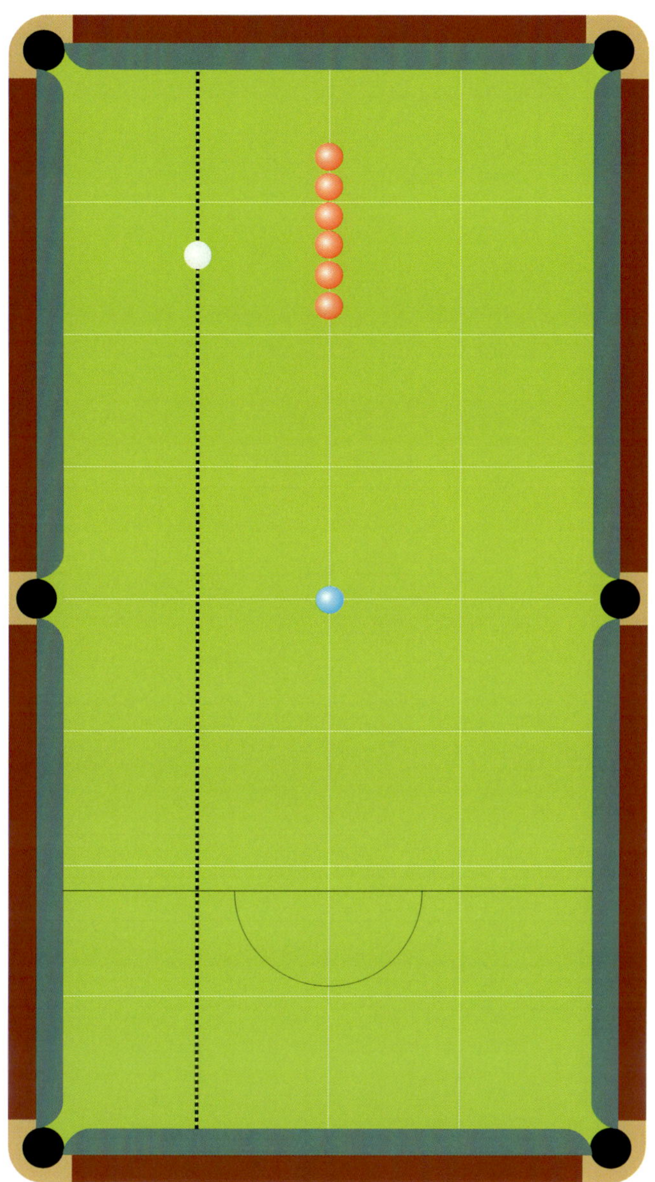

Aufbau:

Positionieren Sie Blau auf angestammten Spot. Legen Sie sechs Rote gleichmäßig verteilt zwischen Pink- und Black-Spot. Weiß ist zu Beginn Ball in Hand auf der Linie mittig zwischen Mitte und Längsbande.

Aufgabe:

Spielen Sie regelkonform ein Break mit Rot und Blau, beginnend mit Ball in Hand, und maximieren Sie Ihre Gesamtpunktzahl. Es darf kein anderer als der direkt angespielte Ball berührt werden.

Wertung bei der Leistungsdiagnostik:

Die Punktwertung erfolgt regelkonform. Spielen Sie 10 Aufnahmen und steigern Sie Ihre Gesamtpunktzahl. Die Übung endet spätestens, wenn 240 Punkt erreicht wurden.

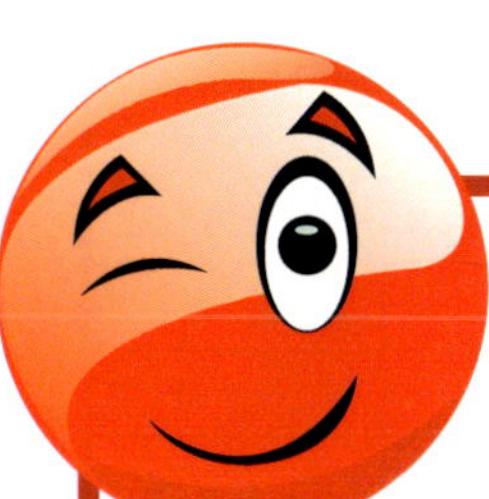

mein Tipp

Nicht selten gibt es im Match Situationen, in denen die hohen Farben nicht spielbar bzw. lochbar sind. Dann ist gut beraten, wer die Laufwege beherrscht und das Tempogefühl hat, mit Blau im Break zu bleiben. Experimentieren Sie mit verschiedenen Wegen und Wirkungen. So erhöhen Sie die Chancen im Match, situationsabhängig den Weg zu Blau zu finden.
Eine Übung mit höchstem Anspruch.

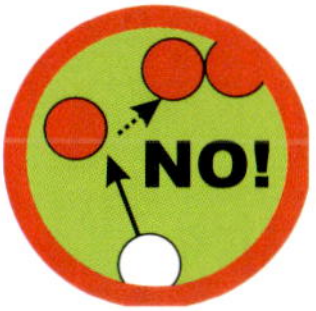

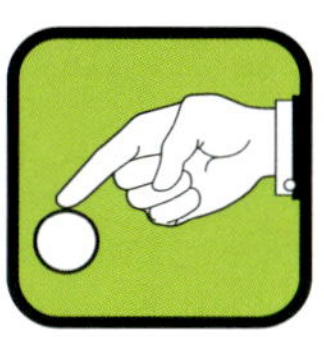

Counter	
Wertung regelkonform 10 Aufnahmen Punktzahl maximieren	
Aufnahmen	10
theor. Maximalwert	360
Stopwert	240
Sollwerte	
GOLD	200
SILBER	150
BRONZE	100

	Ergebnisse je Versuch										Punkte	
Datum	1	2	3	4	5	6	7	8	9	10	gesamt	Schnitt

Notizen , Bemerkungen

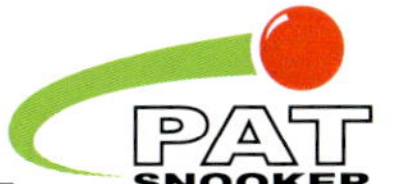

Ziele:

In dieser Übung wird das Breakbuilding um bzw. mit Schwarz trainiert. Wer diese Übung beherrscht, der wird auch aus komplizierten Bildern im Match eine hohe Punktausbeute realisieren.

Aufbau:

Positionieren Sie Schwarz auf angestammten Spot. Legen Sie eine Rote auf Pink-Spot und je zwei weitere links und rechts davon mit jeweils zwei Ballbreiten Abstand.

Aufgabe:

Spielen Sie regelkonform ein Break mit Rot und Schwarz. Weiß ist zu Beginn Ball in Hand auf der gestrichelten Linie. Die erste Rote muss in eine Ecktasche gelocht werden. Wird ein Ball verschossen, bauen Sie erneut auf und beginnen Sie von vorn. Es darf kein anderer als der direkt angespielte Ball berührt werden.

Wertung bei der Leistungsdiagnostik:

Die Punktwertung erfolgt regelkonform. Spielen Sie 10 Aufnahmen und steigern Sie Ihre Gesamtpunktzahl. Die Übung ist beendet, wenn 200 Punkte erreicht sind.

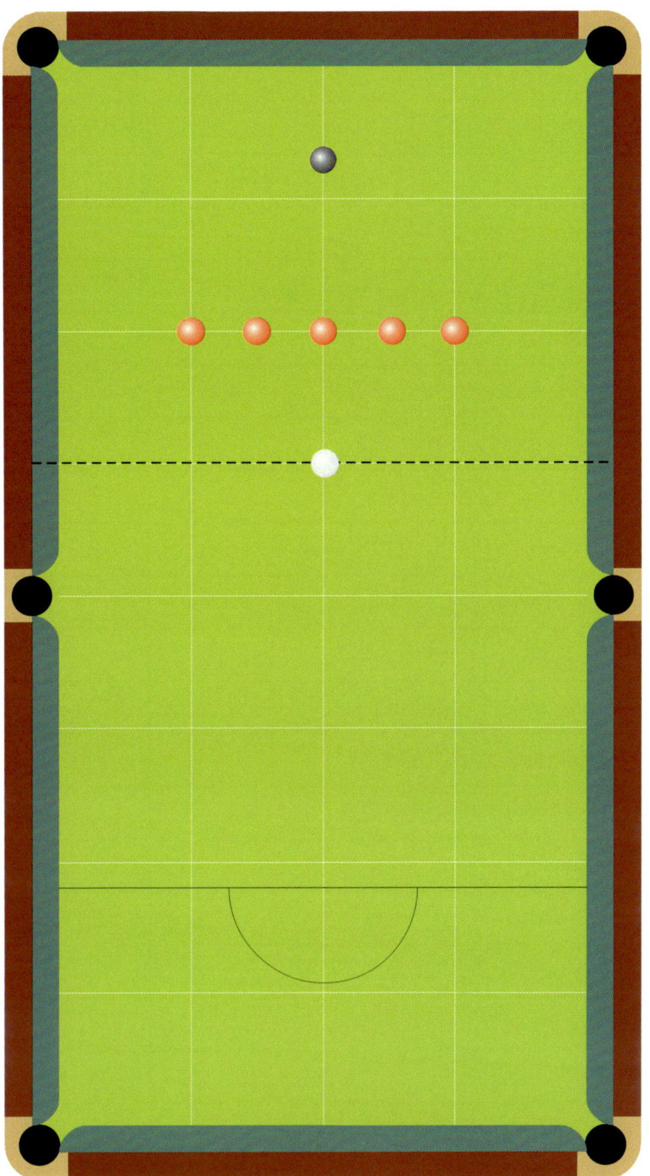

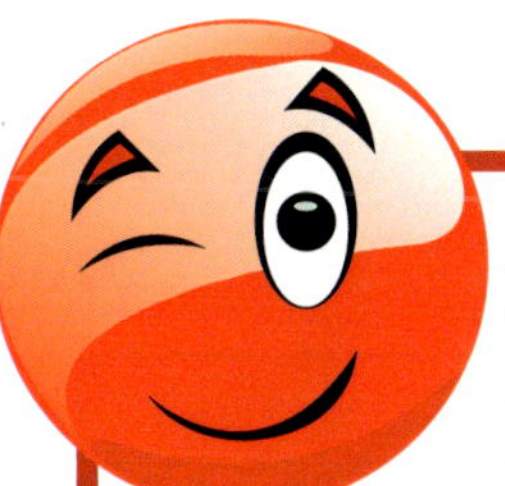

mein Tipp

Während gemäß Vorgabe lediglich die erste Rote zwingend in die Ecktasche muss, sollten Sie im Training versuchen, alle Bälle in die schwarzen Ecktaschen zu spielen. Positiver Effekt wird sein, dass Sie im Match leichter auf Pink stellen können, wenn Sie die so erlernbaren Laufwege beherrschen.

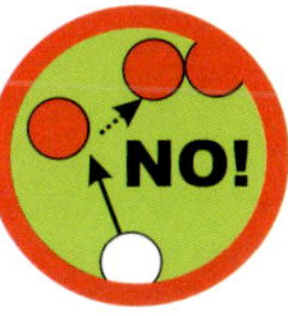

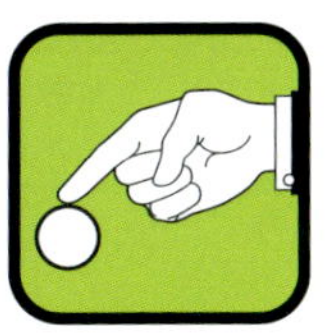

Counter	
Wertung regelkonform 10 Aufnahmen Punktzahl maximieren	
Aufnahmen	10
theor. Maximalwert	400
Stopwert	200
Sollwerte	
GOLD	190
SILBER	180
BRONZE	160

Datum: ________________ Spieler: ______________________________

Technik	Kommentar	1	2	3	4	5	6
Master Eye links [ ] mittig [ ] rechts [ ]							
Anlauf / Ziellinie							
Brückenhand							
Verlängerung							
Stand							
Griff - Handgelenk							
Cue Arm - Ellenbogen							
Stoßhaltung							
Back Swing							
Cue Action - Timing							
Pause vorn [ ] hinten [ ]							
Parallelität zum Tisch							
Kopf- oder Körperbewegung.							
Spiel							
Long Pots							
Break Building							
Clearance							
Safety / Taktik							
Ausrüstung (Cue / Tip)							
Mental							
Konzentration							
Selbstvertrauen							
Vorstellung des Ablaufs (innere Auge)							
Vorbereitung							
Entspannung							